新版

祈りの精神

[著]P.T. フォーサイス
[訳]斎藤剛毅

P.T.
Forsyth

発行●しののめ出版
発売●キリスト新聞社

この訳書を　松村　秀一
松村あき子　両先生に捧ぐ

はじめに

三章と四章は他の小さな書物(註)の一部をなしていたものであるが、完全を期するために、この書に加えられた。そのことを快く許してくれたホッダー・ストウトン社に対して衷心からお礼申し上げる。

また、一部は『ロンドン・クォータリー・レビュー』誌に掲載されたものであるが、編集者の好意を得たことを、心から喜び感謝する次第である。

(註) P・T・フォーサイスとドラ・グリーンウェル共著による『祈りの力』のことである。
“*The Power of Prayer*”, by P.T. Forsyth and Dora Greenwell, Hodder & Stoughton, 1910.

ウォーターハウス夫人に

丘陵の起伏する高みに、段々道の続く庭園があるのです。ヒースの茂る荒地が園の周囲に横たわり、高嶺《たかね》が園に面してそびえ、麓《ふもと》には村里があってまどろんでいます。はるか遠い野のかなたで（そこにあなたもまた、自分の墓をもっているのです）、世界は義のための厳粛な悲劇に苦悩しています――その悲劇は天上における戦いと縁《えん》のない悲劇ではなく、丘陵の種々の色彩を覆う大空に輝く月の光に価しない悲劇でもないのです。

散歩道は花咲く温室に始まり、あたかもはかない自然の美から、永遠の精神の美へと上るかのようなアーチの下で終わるのです。歩道は、自然界から霊界に至る道がいかに困難に満ちたものであるかを示すかのように、岩に生える植物の間を縫《ぬ》って曲りくねっています。歩道の途中には、道の辺《みちのべ》の礼拝堂と似て、古い彫刻のある、字の刻み込まれた石の修道院があります。何と美しい彫刻、何とうるわしい音楽でありましょう！　近寄れば、芝生に群なす虫の音、白樺の生垣にフルートを奏でるツグミ、かなたの深い谷間には険しい山の裾《すそ》をぬらしつつ、音高く河が流れています。さらに遠いかなたには、空中の楼閣《ろうかく》のような、石灰岩が幻想的にそそり立ち、わけても今なお、空高く陽光を浴びながらさえずり歌うひばりは、（フランダースにもさえずるように）神のもとに心の調べを奏でおくっています。

段々道は目的と随意《ずいい》な楽しみから造られました。そして、このイタリア式の舗道《ほどう》を歩み、割れ目に生えるアリッサムの香りを踏み、遠く涯《はて》しのない地平線に向かって、平原の道筋が上り、消えてゆくのをじっとみつめながら瞑想《めいそう》し、そして、どんな時でも、神を偉大に、人をやさしく、過去を忠実に、現在を愛情こめて、未来を希望にあふれて考えることは、何とうるわしいことでありましょう。

ですから、われわれの魂のうちに峻厳《しゅんげん》な道を開きましょう。神が欲したもうときにわれわれを訪れ、われわれの心の高き道を歩んでくださるように。心の道に聖い石で小さな仮《かり》庵《いお》と避難所を設け、古い文書と教会の記念といたしましょう。大きなヴィジョンと人間愛の館《やかた》、休息と恐ろしいこの世に対して再武装させる退修《たいしゅう》の隠れ家を建てましょう。神よ、

ウォーターハウス夫人に

願わくはわれわれに、高貴な光の中に聖化された事物を照らし示してくださいますように。神よ、願わくはわれわれに、輝かしい平和によって悲しみの谷に入る備えをなさしめ、愛情深い、温かい、気高い交わりによって、(この世の友情ですらそうあるごとく)人生の活動に対する準備をさせてくださいますように。そうすれば、われわれは永遠なる実在と力と慈愛とによって、時間のあらゆる苛酷《かこく》な現実性に直面することができるのです。神よ、あなたの憐《あわ》れみはあなたの尊厳と等しく永遠であります。

目次

はじめに　3
ウォーターハウス夫人に　5
Ⅰ　祈りの本性　11
Ⅱ　ねばり強い祈り　47
Ⅲ　不断の祈り　73
Ⅳ　牧師ととりなしの祈り　103
Ⅴ　時にかなった祈り　121
Ⅵ　祈りと道徳的精神　135
Ⅶ　祈りの自然性　147
フォーサイス略伝　176
訳者あとがき　180
改訂版あとがき　185
新版あとがき　188

Ⅰ 祈りの本性《ほんせい》

祈りについて書くことは困難で恐ろしくさえあり、聖なる契約の箱に触れるような恐怖を感じさせる。祈りの原理よりも実践により多く労苦した者でなければ、祈りについて書く資格はない。しかし、祈りの原理を探求する努力自体は、いかに祈るべきかをよりよく知ろうとする祈りとして、永遠に生きてとりなしてくださるキリストによって、燐《あわ》れみをもって認められるであろう。自分自身の、また他人の祈りを含めて、すべて祈りにおける上達は祈りの修練を積むことへの答えである。すべて真実な祈りは祈る者を向上させ、祈る力を増強させる。

最悪の罪は祈らないことである。クリスチャンの中に、誰の目にも明らかな罪、犯罪、言動の不一致を見ることは実に意外なことであるが、これは祈らない結果であって、祈らないための罰である。神を真剣に求めない者は神から取り残される。聖徒たちの歴史は、かれらの堕落《だらく》が祈りにおける弛緩《ちかん》、怠慢の結果であり、懲罰《ちょうばつ》であったことを物語っている。かれらの生活もまた霊的な孤立のゆえに、ときとして非人間的な傾向を示した。かれらは瞑想《めいそう》のうちに神を見出さず、ただ神についての思想、雰囲気だけを知っていたために人を遠ざけ、人からも遠ざけられたのである。

生きた祈りだけが孤独の中にも人間味を保たせ、同情心を湧出《ゆうしゅつ》させる。キリストの神を信頼し、その神と交わりをもつとき、人との和合が生まれる。利己主義は神の来臨《らいりん》によって退き、そのあとに父なる神と共に、他人が兄弟として登場する。そのとき人は神にある者、神のために生きる者、神に愛される者として認められる。神が心を満たしてくださるとき、人道主義者にまさって他人への関心が高まる。祈りは行為である。まことに交わりの行為である。真実に祈る者は、自分自身のために祈ったとしても、必ず自己と自己の個人的な経験を超えてゆく。たとえ初めに自分自身のことを考えて祈ったとしても、祈りはその性質上、自己を超えて、祈る者を神と人へと導いてゆく。個人の祈りもそういう意味において連帯の祈りであり、その祈りが公《おおやけ》の場から退くときに一層その連帯性を強めてゆくのである。

このように、祈らない罪はその背後にひそんでいる「祈りを欲しない罪」を呼び覚まし、祈りの不能は祈りを欲しないことに対する懲罰であり、霊的に聞こえずまた口のきけない状態、失語症、あるいは霊的飢餓《きが》を意味する。人は霊的な糧を摂《と》らないとよろめき、衰弱して死ぬ。「あなたは額に汗してパンを食べよ」。このことばは肉体的、霊的労働の両方にいわれている。パンのために生活する人も、命のためにパンを食べる人も、共に服すべき真理である。

祈りは食物と同様に、新鮮な力と健康の感覚をもたらす。人は飢えかわきを覚えて祈りへと駆りたてられ、祈りにあずかることによって、肉体的生命を含む戦いのために新たにされ、力が与えられる。精神も肉体も常に活ける神を求め叫びつづけている。神が与えてくださる賜物《たまもの》は人間を自由にする賜物である。言い換えれば、人間を人間たらしめるため、また、われわれの道徳力を新たにするための賜物である。この神からの賜物によっていつも新たにされなければ自由そのものがわれわれを奴隷化してしまうことすらある。いかなる有機体の生命も、常に栄養を摂りつつ、低級で初歩的な諸力に対するより高度なエネルギーのたえざる勝利として存在する。祈りは聖なる神の道徳的感化力への同化作用である。

この世に生活していくために、人は労働をしなければならない。魂を養うために、人は祈りに労苦しなければならない。それは何と崇高な労働であろうか。「主イエス、悲しみ迫りて祈りたまえり」。必要であれば血涙《けつるい》してでも祈らなければならない。神と力を合わせることは神を受け入れることである。しかも、その受け入れは積極的・労働的受け入れであり、永遠の力の源泉に連結しないとわれわれの力が枯渇《こかつ》するゆえに固執《こしつ》する受け入れである。われわれは神を受け入れるために労苦し、努力するのである。期待をもって労苦する者は報いられる。祈りは神聖な力を明確に自分のものにする行為であり、それゆえに、祈りは創造的行為である。

祈りは単なる願いではなく、意志を携えて神に求めることであり、意志がこもるものである。祈りは力である。また、「祈りは労働である」(Orare est laborare)。われわれは行動的な神に向かい、行動へと送り出される。行動的に神を知り、出会うことなくして本当に祈ることはできない。もし神がイスラエルと論争されるなら、イスラエルは神と格闘しなければならないのである。しかも神は回答だけでなく、まず祈りそのものを与えてくださる方なのである。神の賜物は祈る心を生みだす。神は迫り、神を求めるように促《うなが》される。このようにしてわれわれは、より強く神を求める力が与えられるよう祈るようになり、また、より熟達《じゅくたつ》した祈りの人となるために祈るのである。真の「祈りの賜物」はわれわれの才能である以前に、神の恵みである。

このように、逆説的ではあるが、祈りは賜物であると同時に勝ち得ていくことであり、恵みであると同時に義務である。祈りは真理の特殊な一形態である。すべての義務も一つの賜物であり、いかなる召《め》しも祝福であり、また、しばしば重荷と感じる労苦に実は真の恵みがある。われわれが下から見上げるとき、祈りは重荷とさえ思われるが、神の側から見下ろすとき、それは祝福なのである。祈りは大きな両翼《りょうよく》のようなもので、翼《つばさ》の重量が増加すれば飛行力も増加する。もしわれわれが神に義務を果たさないならば、神もご自身を引き離される。義務の拒否は神の拒否を招く。十字架の無いところにはキリストも不在である。「苦労が終わるとき、収穫もまた終わる」。

われわれは利己的に神の回答を求めることのみに心を奪われて、祈りに対する神の賜物が祈りそのものであることを忘れがちである。祈りは、単に祈ろうと欲するということではなく、祈る賜物と力とを神の意志として受け入れ、用いつつあるということである。祈りのすべての行為において、われわれはすでに神の意志を行ない始めているのである。この神の意志のためにこそ特に祈るのである。あらゆる祈りのうち、真の祈りは、「神よ、あなたのみこころが成りますように」という祈りである。これこそ特別な意味をもつものではないだろうか。「わたしの祈りはあなたの意志の現れです。あなたは祈りをわたしのうちに創造されました。祈りはわたしのものである以上にあなたのものです。あなたのみこころが完全に成りますように」。——これは「わたしの祈りを聞きなさい」と言われた主イエスの言葉を、この観点《かんてん》からわかりやすく言い換えた表現である。「祈ろうとする意志もあなたのみこころから生まれます。わたしの祈りをあなたが完成して、み旨《むね》にかなうものにしてください」と祈るべきである。嘆願も半《なか》ば神の意志であって、それは神の意志のはじまりでもある。「みこころがなりますように」という祈りの「みこころ」とは、わたしが祈り求めることであり、「なりますように」とは祈りが答えられることである。みこころも、それをなすことも、共に神のものである。「みこころの地になるごとく」——

われわれが祈っていることはすでにみこころがなされていることであるから――、「天にもなさせたまえ」――すなわち、神が祈りに答えてくださるように――とわれわれは祈るのである。

祈りが人を引きあげ、求めることよりも賜物を、罪意識よりも恵みをより強く確実に意識させるようになったとき、祈りの最大の目的は達成される。欠乏と罪意識から生じる嘆願の祈りは、礼拝の最終的高さにおいては神の完全性に満たされて、第二義的なものになる。「その日、あなたはわたしに何も求めないであろう」。悲しみは嘆願の祈りに満ち、喜びは感謝の祈りに満ち溢《あふ》れる。この考えは祈りが聞かれること、特に祈りの答えに関する問題（あるいはむしろ、祈りが答えられる場所と種類というべきであろうか）を取り扱う際の助けとなる。いつの日か天に召されるとき、神の偉大な拒絶も、時おり、真実な祈祷者へのまことの解答であったことを恵みの中に知らされるであろう。魂は、祈りがかなえられなくても、恵みに満たされるのである。

人が祈り始めるとき、自分自身がつぎに述べるような状態にあることを知って驚かざるをえない。すなわち、人は独立した場所に立って神と向かいあっているかのように感じ、神がご自身の目的から語りかけようとしておられるのに、人は自分自身の目的からまず自分から語ろうとする。自分は神と向きあっている者（vis-à-vis）、神は自分のものと考え、神は自分が関係する限りでは対象であり、同じように、自分自身も神に対して対象であると考える。もちろん、神は「礼拝」の対象である。しかし、人は神と対等にわたりあって神に近づき、問題を神の前に置く、というわけではない。むしろ、自分の貧しさを通して輝く礼儀正しい自尊心をもって、直立不動の姿勢で接近し、また、それ以上のことをする。すなわち、最敬礼し、礼拝するのである。しかし、それはなおも、自由意志による自主的な、いわゆる服従であり礼讃である。それは自分がなし、捧げる敬意である。人は自分の持っているものを捧げようとする。何かを神に願い求めているときでも、礼拝することによって、奉献《ほうけん》を始めていると感じる。そして自分が神の外にあるにもかかわらず、呼べば、神は恵みをもって答えてくださると考えるのである。

しかし、このような考えはキリスト教的でなく、それは（新約聖書の教えによるならば）未熟《みじゅく》な段階のものにすぎない。聖書はつぎのように教えている。神が始められることのみが完成されるのであり、まず神が人を捜し求めて人に願われたので、人は神を求め神に嘆《たん》願《がん》するのである（Ⅱコリント五・二〇）。もし人の祈りが神に届き、神を動かしたとしたら、それはまず最初に神が迫り、祈りへと人を駆《か》り立ててくださるからである。天に届く祈りがまず天で始まり、そのときキリストは来臨されたのである。神がキリスト――世界の基《もとい》が据《す》えられる前にほふられた犠牲の小羊――において人を求められるとき、祈りはすでに始まっているのである。そこで御霊《みたま》が、祈りの力と機能を携《たずさ》えて出でゆかれ、人の心を伴って帰られるのである。すなわち、人の祈りは神の祈りに対する応答である。ここに祈りがある。初めに人が神に祈るのではなく、神がまずそのひとり子を人の罪をあがなうためにお与えになることによって、神がまず祈ってくださったのである。キリストの贖罪《しょくざい》の心は祈りである――それは、永遠の御霊において神に対してなされた偉大なキリストの自己奉献《ほうけん》である。キリストの魂の全律動《りつどう》はいわば、目的を果たすために出て行き、帰られる神性そのものである。それゆえに神は、祈り求め、近づくすべての者を助け、鼓舞《こぶ》される。神の愛はわれわれの聖なる原動力である。神は強制なさらない。ただわれわれは神の愛を見、聞き、深い配慮の下で祈らざるをえないのである。すべての者はいう、「みこころならば、わたしをあなたのものとしてください」と。それを心から欲するとき、それは自然に祈りとなる。人間的成功を究めた栄光も、人の世に織りなす運命も、神のたえざる創造により、神のため、神によって定められたものなのである。このように人は祈る者として創造されているから祈るのであり、神はご自身の息をもって祈りを引き出されるのである。

祈りがさらに進んで賛美にまで高められるとき、特にこのことを深く感じる。求めた恵みが人に与えられるとき、恵みの流れは人の中で一転して新たな感謝の祈りとなり、恵みの源《みなもと》に向かって逆流する。「祈りによって勝ち得られた偉大な祝福は、溢れる感謝に装《よそ》われる」。心からの賛美は、祈りを駆り立てたエゴイズムが懺悔《ざんげ》、献身した姿である。祈りは自己愛から生まれるが、その限りではそれは自然である。なぜなら、自然はすべて欲求的、獲得的存在であるからである。しかし賛美は超自然的なものであって、それは純粋な恵みによる。これは祈りが本質において単なる自然以上のものであるというしるしである。それゆえに嘆願の祈りに終始することなく、さらに恵みの感謝に進む余地を与えねばならない。もし聖霊《せいれい》が働いて明らかに賛美へと促すならば、聖霊は密かに祈りを生起《せいき》させていることを示す。聖霊は自然の中に自然を超越するものを存在させる根源である。「祈りと感謝は肺の二重運動に似ている。すなわち、祈りによって吸いこまれる空気は感謝と共に再び吐き出されるからである」。

祈りとは、諦めるかあるいは「絶対に必要です」と言って神に求めるか、そのいずれかの道においてもわれわれの心を神に向けることである。神の意志に従うか、神がわれわれの意志に譲るか、そのいずれかである。したがって信仰は、それが意志と良心の信仰、倫理的信仰であればあるほど、何よりもまず祈りでなければならない。信仰は人間の意志と神の意志との交流である。信仰的であることは祈ることであり、悪しき祈りは誤った信仰であって、祈らないことは無信心である。「信仰の闘いは祈りに対する闘いであり、信仰の学説は、すなわち祈りの哲学なのである」。祈りにおいて神を思索するのではなく神に働いていただくのである。神に関する思索が行為へと移り、さらに思索よりも確かなものになるとき、そこに祈りが生まれる。単なる空想や黙想でない、すべての思索には、意志の要素があるものである。そして真剣な（理知的な）祈りであるなら、この要素を重く見る。ただ単純に思想を広げるのでなく、意志を神に捧げ、神に向かい、意志をもって神と関わり、神に迫るのである。これこそ神に捧げる最も大きな最初の犠牲の捧げものであり、それが神に対する力となるのである。キリストの心、目的、行為を従順な心で受容《じゅよう》することほど偉大で力強い供《そな》え物はない。それは決して容易なことではない。それはいかなる理想主義の実行よりも困難である。しかしそれは、実践において大きな力を発揮し、また成長する力である。埋《うめ》きで始まっても、後にはなめらかに滑り出す。自分の内を顧《かえり》みると、自分自身を思索する思索があるのと同じように、自らの内にあって祈る祈りがある。そして前者が最高の思索であるのと同じく、後者は最高の祈りである。なぜなら、内在して祈るお方はキリストであり、われわれはこの永遠の仲保者《ちゅうほしゃ》の導管《どうかん》にすぎないからである。

祈りはしばしば、クリスチャン生活の重要な手段と主張される。しかし、祈りは単なる手段ではなく、クリスチャン生活の大目的なのである。もちろん、祈りを手段と呼ぶことは誤りではない。とくに始めの段階ではそうであっても、最終的段階ではクリスチャン生活を送るために祈るというよりも、祈るためにクリスチャン生活を送るという方が、より正しいといえるだろう。それは真実である。祈りは奉仕や犠牲を準備する。しかし奉仕や犠牲はさらに多くの祈りを生む。祈りにおいてよりも、奉仕や犠牲において、人は一層誤《あやま》りやすいが、それは祈りによる導きを欠くからである。しかし、信仰の高嶺《たかね》に達し、祈りを偉大な目的とし、生活全体を深い信仰によって秩序づけ、たゆむことなく、てらうことなく、真の祈りに至るためには、もとより時間がかかることである。そのような美しい敬虔さと心情を生み出すことは、たやすくできるものではない。それは神の恵みのうちに成長するものだからである。世界の全歴史は、恵みによる進歩ほどゆるやかに成長するものはなく、神の自由な恵みほど高価なものはないことを示している。ここに、神のものなる世界に神が不在であり、特に魂の世界に神が不在であるという人々に対し、われわれはあらゆる弁明を尽くさねばならない理由がある。悲しいことに人々は、神は歴史から遠く離れて不在であると思っているが、神と距離を置き、神を不在とする人間たちの歴史を、神はどのようにご覧になっておられることであろうか。

あらゆる祈りの主要な目的は、人間を神に近づけることである。しかし、われわれは神との交わりを直接祈り求めるよりも、他のもの――この世の具体的なもの、あるいは神の国に属するもの――を求めることによって、神のみ前に至り、神に近づこうとする。個人的な苦悩、あるいは国家的な災難において、救済を求める祈りの方が、神の内に自分自身を没入《ぼつにゅう》しようとする熱烈な祈りよりも、より神に近づけるかもしれない。失った金貨のために祈る一人の貧しい婦人の祈りは、僧院に湧《わ》く祈りの渦《うず》よりも深刻であり得る。しかし、そのような悩みは、人間とのたえざる再結合を目的とされる神にとっては初期的手段であり訓練とみなされる。たとえ苦悩からの逃避、あるいは救済の手段として神を利用しようとしているときでも、神は忍耐と愛をもって、そこから始めさせようとなさる。聖なる父は、若者の爆発的エゴイズムでさえも、最後には神ご自身のご計画の中に引き入れられるのである。たとえ期待する救済が来ないとしても、もし神が人の祈りを保持なさり、祈りをますます清められるならば、神は何らかの回答を与えてくださるはずである。祈りを止めない限り、祈りは決して拒絶されることはない。祈りが失敗する決定的な理由は、祈りを中止することにある。人への神の応答があり、神に対する人間の応答がある。そのいずれにせよ、ねばり強くに祈ることが、神が求めに答えてくださる一部をなすのである。神は祈りの内容を高め、苦悩の中から人をご自身へと導き、神の究極の目的を実現されるのである。身近《みぢか》な例でいえば、二枚の建築材を固着させようとするとき、接着剤が固まるまで強く外部から縛っておき、固着してその必要がなくなればこれをゆるめる。それと同じように、災いや不況、失望は人を圧迫するように見えるが、実は人を神と接合させるのである。そして魂が神と結びつくまで圧迫は続く。逆に、すぐに苦しみから救済されてしまうならば祈りの習慣は確立されない。安易な救済は祈りの効果を単純に信じさせるかもしれないが、そのような祈りは余りに浅薄《せんぱく》すぎ、永続する精神生活の深い指導原理とはならない。嘆願に重点をおく信仰は、神を信じることよりも祈りを信じることに傾かせやすい。祈り求めたことがすべて与えられるとすれば、人はやがて、神を便利な手段、あるいはどんな願いでも叶えてくれる魔法として扱うようになるであろう。人が祈りで困惑する理由の多くは、神への信仰よりも、祈りへの信仰に心が奪われやすいことにある。同じように、人は不死の問題についても誤導《ごどう》されやすいが、それは神よりも自分の魂を重視し、魂の永遠の生命よりも魂の無限の継続に心が奪われているからである。また、自分の内に存在する永遠なるものを問うよりも、自分が永遠に生きる存在か否かを問うからである。

神にとって祈りの最大目的は、キリストの御国《みくに》で神との自由な交わりを回復し、その道を開くことにあり、義務と奉仕の最中においても、神との生命の交流が、心臓の鼓動を意識しないのと同じように、可能になることである。この意味において、真実な祈りは必ず神の回答を伴う。「瞑想《めいそう》の中に」心の平和を得るだけでなく、客観的に深遠《しんえん》かつ親密な地位を、神と神の目的のうちに獲得することが回答である。祈りが神の大きな賜物であるならば、それは賜《おく》り主《ぬし》と不可分のものである。つまり、神の賜物とは神ご自身なのである。ゆえに、啓示は神の自己贈与《ぞうよ》にほかならない。したがってわれわれが祈るとき、神は、生きて共にいてくださるのである。そして祈りにおいて、われわれは神のみこころを行なうのである。一方、祈りは自分がいかに神から遠い存在であるかを実感させ、最悪の苦悩を意識させると同時にそれを治癒《ちゆ》するものである。外的欠乏は内的意識を燃えたたせ、祈りに対する完全な回答は神ご自身であることを人は知る。そして、かわいた魂がキリストによって満たされるとき、真の自分白身を見出すのである。

祈りは言い表し得ることばの最高の使用である。祈りには、ことばに表現することができる最高の意味がこめられる。真の祈りはことばにおさまりきれず、これをつらぬき、行《おこ》ないとして出て来る。深夜の山中で祈られたキリストの体験は、ことばでは伝えられない。ことばの不完全さをしばしば痛切に感じさせられるのは祈りの時である。しかし、御霊《みたま》はわれわれの弱さを補い、われわれの状況を神に代弁し、ことばでは言い表せない自由を祈りにおいて授け、われわれの魂の中心をとらえ、神との交わりを通して最も深い人格性を与えてくださる。御霊においてわれわれは人間のことばの領域から神の聖なることばの領域へと引き上げられる。そこでは神のことばは力である。祈りによって神の聖なる意識へと統合《とうごう》され、世界を支える神の授与《じゅよ》と享受《きょうじゅ》、すなわち「父」と「子」の二者の対話へと導かれる。われわれがことばを駆使《くし》して、議論し、相《あい》矛盾するものを調和させようとする際に、ことばの使用の貧弱さに気づく。しかし、ことばにはさらに深い動きとさらに内的な秘義《ひぎ》を開示する世界がある。そこでは、ことばは浅薄《せんぱく》な知恵に広がってゆくことなく、また夢想に終わることもなく力として結集し、行為へと凝縮《ぎょうしゅく》する。みことばは肉となり、魂となり、命となり、活動して征服してゆく神の国となる。祈りは既述《きじゅつ》したように、下降と上昇の二重運動としてのキリストにおける神の受肉の原理に従う。(註)祈りは表現された精神であるばかりでなく、行動し勝利してゆく精神である。祈りは単に行動となったことばではなく、道徳的行為を達成させることばである。霊から出て肉体となった「ことば」のように、預言者から祭司となり、さらに聖霊《せいれい》となられたキリストのように、祈りは労働となったことばなのである。しかもそれは、上から下への働きを逆転した「受肉《じゅにく》」の原理である。「あなたがたは神である」。神は人間に神性を与えるために御子《みこ》キリストにおいて人間となられた。そして、祈りは御子が父のもとに帰られたゆえにあるものであり、人を引き上げ、歓喜をもたらす機能がある。祈りにおいてわれわれは（神になるとはいえないにしても）、存在論的にではなく実質的に、経験的に、神性にあずかるものとなる。祈りはキリストの謙遜に対する真実の応答、奉献《ほうけん》、勝利への参与であり、祈りによって人間は最も高い意味で、神の協労者として引き上げられる。われわれが、活動的存在――キリストにおいて世界を支え永遠に行動なさる神――と交わるには、夢想や狂信によってではなく、祈りの実践によってのみ可能である。神との交わりに導く祈りは、単なる心のかけ橋とか接触ではなく、魂がキリストと交わる中心的行為であり、神の創造のわざとしての全宇宙との調和をもたらし、宇宙の中心の心臓の鼓動に呼応《こおう》させるものである。祈りは世界を創造し、存続させ、完成させる力の一部分、また機能である。

（註）拙著『キリストの人格と位置』（*Person and Place of Christ*）の終章を見よ。

真の宗教とはどのような宗教であろうか。神学的意味において、真理を最も多くもつ宗教ではない。また最も深く思索された宗教でもなく、思索に最も適した宗教でもない。真の宗教とは、祈りをその精髄とし、祈りによって魂が神を確信するようになる宗教である。祈りは真実の心と高度の真理性、特にキリスト教的意味における実在と行為を含んでいる。人格的存在に宿る最も奥深い真理は、祈りにより、事物の最深の実在と組み合わされる。祈りの力は、人と物に統一と生命を与える生ける人格神を発見させ、人を感覚と自我と世の幻覚から脱却《だっきゃく》させる。まことに祈りは教育の課題であり、人間のもつかずかずの妄想の混合物を取り除き、純金――意志する神、働く聖霊、自然のままの事物の本質――を獲得する最良の手段である。祈りは精神を錬磨《れんま》し誠実さの実を結ばせる最高の学校である。（しかし、精神を錬磨し、練達を求める人がいかに少ないことであろう！）祈りは時おり、われわれを打ちのめし打ち砕く。しかし、神との交わりによって人は、自分自身の偽《いつわ》らない姿を知らされ、真の心の平和を与えられる。

祈り、真の祈りは自分自身を欺《あざむ》くことを許さない。祈りは自己慢心《セルフインフレーション》の緊張を和らげ、清らかな霊的ヴィジョンを生み出す。祈りは神の家から始まる神の裁きを自覚させつつ、神の光により、われわれの心の隅まで照し出す。もし、神が人間の健康の薬だとすれば、神は多くの不機嫌な人々の薬として働く必要があろう。神の来臨《らいりん》によって、われわれの強い自負心は動揺し、まさに恵みの中で崩壊する。そして、蔦《つた》に覆われた古い家の柱のように、容赦しない嵐に揺り動かされるであろう。このように未熟な信仰は、ある時は苦痛に満ちた課程をへて鍛えられ、練達した鋭い信仰となる。苦痛によって一時挫折《ざせつ》するかもしれないが、結果においては成長する。心の奥深く神を迎える祈りは、霊的鈍《にぶ》さ（無感覚とまではいわないが）を除去し、信仰を快活かつ精力的なものにする。魂は祈りこそ最善であることを知っているからである。神のなされた多くのことが明瞭に見えるようにするのも、その日の生活に明確な意味を与えるのも祈りである。熱烈な狂信的な祈りというものは、人々の気分をよくさせても、実は、ほとばしり出る猛烈な気力、あるいは強い信念によって、神の国の事業を遂行するという妄想を育てているにすぎない。初歩的な形態の宗教によって助長される、一種の利己主義的な確信というものがある。それは人との接触を多くし、人に対し少なからず影響を及ぼし、その心を捕らえようとさえする。しかしその影響力は、浸透《しんとう》というよりむしろ感動の一種であり、回心よりも抑圧をもたらし、霊感よりも興奮をもたらす。真実の祈りは深く浸蝕《しんしょく》する力であるから、自己を欺《あざむ》くこととパリサイ主義とを根本からくつがえす。傲慢《ごうまん》な自信は霊的な洞察力を欠くことから来る。これを修復するには敬虔な祈りだけが必要である。祈りによってのみ人は真の自己を見出すのである。たとえ祈りが答えられなくても、わたしは聞かれている。また、嘆願が実現されなくても、わたしの人格、精神は満たされる。ちょうどそれは、自分の作品の売買がうまくいかなくて、困難であっても、自分に与えられた才能を発揮して、製作に打ち込むこと自体が幸福であると考える芸術家と同じである。

祝福されることとは必ずしも幸福とは限らない。なぜなら、祝福にあずかるためには（少なくとも初めは）生活の重荷を加える祈りという仕事の中に置かれるからである。しかし、心の目が開かれると、かつて見えなかった問題が見えてきて、もはやわれわれを孤独の中に放置しない神の呼びかけを聞くようになる。前述したように、時おり自分自身の姿を示されて失望するのであるが、そのことによって自分の中の独善主義は適切にえぐり出される。だが、過大評価しながら人に接し、精神面に関心を示さず、使徒と共におられた神を認める方法を知らないような人々に対して、われわれは感化を及ぼすことができない。真実に神を求める祈りは、霊的鈍感《どんかん》さや自己満足とは相容れない。霊的鈍感さは単なる欠乏ではなく、一種の悪徳ですらある。それは、気をゆるめるとわれわれを覆《おお》うように広がる。

霊的鈍感さは自己反省の光を求めず、また、偉大な白い玉座に近づくことを欲しない。霊的鈍感さを脱ぎ捨てない者は、霊的鈍感さのために自分自身を閉ざす。信仰は生き生きとした精神であり、それは洞察力をもっている。が、霊的鈍感さは、信仰の洞察力に欠けていることを示すのである。そしてそれは福音によって育てられるよりも、説教の犠牲になっていることがよくある。しかし、霊的鈍感さを無知の結果と考えてはならない。多くの無知な人々は自分を訓練することによって無知を脱却し、敬虔に達している。彼らはすばらしい霊的聡明さを示すばかりでなく、賢明さをも身につけうるのである。無知な人々でも思慮深い謙遜を身につけることができる。神の国の来臨を待ち望むよりも、神の国を自分の力で来たらせようと熱心になる傲慢《ごうまん》な信仰にはその謙遜さは死に絶えている。だから、無知な人といえども神のみ旨に従うことに満足し、他人をもこの満足に導くことができるのである。そこには生まれながらの自然的な力を越えて働く力が現れている。すなわち、彼らの中に御霊《みたま》の訓練を感知し、その人生に習慣となった祈りを読むことができる。彼らは宗教の域を超えて御霊のうちにあり、いつまでも「主の日」に生きている。単に自然宗教の情熱によってキリストに奉仕しようとしているのでもなく、敬虔を装《よそ》う生まれながらの気質の力で、御霊の働きを行なうことができると考えているのでもない。

しかし宗教界の内部には、天上的なことを地上的な心で判断しようとする賢《かしこ》そうで愚かな、鋭敏だが鈍感な人々がいる。宗教界の外部には、単に宗教に興味を抱くという人々においても、賢にして愚というべき人々がいる。彼らはある著述家のように、時代の精神と判断されるものによって、永遠の実体を無雑作に論じ、その問題はすでに解消したと考える。この種のタイプの人々に教会の内外で出会うが、どんなに熱心かつ活発であっても、祈りのない気質を表している。祈らない人は真に実在するものを認識できず、真に支配する力を認知しえないのである。いかに頭脳明晰《めいせき》、かつ鋭敏《えいびん》であろうとも、その魂は、鋭敏な力強いすぐれたものを全《まった》く感受することができないのである。ときどき、鋭い頭脳の持ち主は、問題は極めて単純かつ明瞭であると勝手に判断して自分を慰め、真実を偽り、凡人の抱きやすいパリサイ主義の犠牲となるのである。そしてよりすぐれた究極最奥《さいおう》の力を感知しないために、これを拒絶し、軽視する。永遠の秘義《ひぎ》は誤認され、永遠の魅力は獲得されない。はては単純性が無意味なものとされる。これらはすべて、生まれながらの力が祈りによって訓練されず、洗練されず、真の力を与えられていない結果である。生まれながらの力が働くとき、積極的ではあるが、愛のないキリスト教事業となるか、あるいは、キリスト教の真理をめぐる議論となり、また、否定となる。

しかし、キリスト教界には、祈りによって、思想が成熟し、神学が一つの賛美となり、力が訓練されている人々、また多くの救世軍人に見られるように、神の愛に押し出されて事業をしている人々、輝く謙遜に徹して自己を発揮してゆく人々がいる。このような人々について語ることは決して困難ではない。「主の秘《ひ》められた真理は主を恐れる者と共にあり、主はかれらに契約を示される」。事物の真相に深く迫ってゆくほど、勝利と熟達の道は、才能を驕《おご》る者には開けず、祈る者に開けてゆく世界であることを知る。

祈りにおいて、自然に反することを神に求めるのではない。むしろ、自然は祈りにおいて真の力と目的を現し、その日的に到達するのである。祈る対象は創造主なる神であり、運命を司《つかさど》る神である。そして自然は人の祈りにおいてその主調音《しゅちょうおん》を奏でる。神は初めに世界を創造のことばによって究極かつ継続的なものとして創造された。宇宙の母国語は祈りである。ゆえに、全被造物は人の祈りにおいて憩いの故郷に帰省《きせい》し、真の自己を見出すのである。創造の神に祈願するとき勝手な行動や期待を慎まなければならない。全被造物が神の中で根本的な善をめざして共働し、快適な賛美を捧げることができるように祈るべきである。閉ざしている自然に舌を与えるのが人間である。自然をその神聖なる目的、機能、栄光にまで高めねばならない。自然はわれわれの祈りにおいて自己を卓越する。人格はときには自然に抵抗し、また自然を仕上げ、理解する。その人間の人格において自然は真の目的に達し、人格は神により、祈りによってその真の目的に達する。もし、自然の中に何か聖なるものに向かう目的があるとすれば、祈りこそ、その目的である。世界は神を拝するために創造された。この目的こそ、世界の摂理であり、創造の原理である。それは自然の進化の長い課程の目的であり、祈りにおいて、人は始めも終わりもない神と最も密接に関わるのであり、また、永遠なる同時性《どうじせい》を知るのである。

神ご自身の自由がキリストの受肉において制限されたとき、それは神の自由の放棄というべきでなく、神の業《わざ》の遂行《すいこう》のための制限というべきであるように、われわれが祈りにおいて苦労するとき、自然のえじきとして自由を失っているのではなく、神の恵みの中で自由になっているのである。締めつけられているように感じるときと、あるいは陽気に心ふくらむように感じるときと、そのいずれが神の目的とその完成のために貢献《こうけん》するのか、恐らく誰も容易に語ることはできないであろう。しかし、両者は世界の心臓の収縮と拡張であり、両者力を合わせて真の祈りへといたらせるであろう。真の祈りは、世界の至高の産物である人格のもつ最高の機能である。神が何よりも養育しようと心砕かれるのはこの機能を備えた人格である。人格が体験する特殊な状態とか、あるいは人格と世界との影響関係などを神は問題になさらない。祈る人格のみが、神にとって、それ自体目的として永遠の価値をもつのである。祈る人格は、人生の時と流れのめざす神聖な完成であり、生よりも死において力強く達成されるものである。神の国におけるキリストのとりなしは、地上に対するキリストの至高の働きの継続であり、完成である。聖霊において祈るということは、キリストのとりなしにあずかるということなのである。そして、とりなしの祈りの力は文明が人類の歴史に与えるよりもさらに強い影響力を歴史にもたらす。このように述べるのはおこがましいかもしれないが、クリスチャンがその信仰を捨てない限り、この事実を否定することは困難である。

「朝は深夜に発芽《はつが》する」。人生のいかなるとき、いかなる出来事、いかなる困難の中にも、われわれには神の恵みのもとで発芽し成長する可能性と約束が存在する。その芽を育てるのは不断に進歩する祈りである（精神に歴史があるように、祈りにも進歩がある）。人はこの発芽にいつも気づくとは限らないし、番をして発芽を見守ることもできない。それはしばしば地上の諸関係の下で覆われ、失われるが、魂も失われることがある（発芽の可能性は愛をもってしても喪失しうるのである）。しかし、その発芽も地下から地上へと救出されるとき、人は捕鳥者の網《あみ》から逃れる鳥のように自由になるのである。その発芽を見守る方は救い主なる神である。人は祈りによって救い主のそばに立ち、主の働きのために心を開く。神に対するわれわれの確信を、神の働きと統治《とうち》への不信がとり囲んでいるが、祈りにおいてわれわれは、神の確実性、全能性、不動性、神の目的のためにすべてを従わせる絶対性をより一層確信するようになる。人が祈りを深めるにつれてキリストは魂の内部におぼろげながら形成されてゆく。人の神との交わりは昇華されて「父」と「子」の交わりの状態にまで高められてゆき、心の内で語り合う両者の対話をもれ聞くようになる。祈りは、われわれを人々から孤立させず、逆に近い者とする。主がわれわれと同様に愛をもって人々に臨んでくださると信じるゆえにかれらはもはや無縁の者ではなく、主にあって近い者となるのである。個人的祈りは、それゆえに、公《おおやけ》の祈りが連帯的祈りである以上に実際に連帯的祈りなのである。

われわれの祈りがキリストにおいて引き上げられるにつれ、宇宙も祈りによって引き上げられる。宇宙の贖罪者《しょくざい》との結合によって、われわれは宇宙とも結合し巨大な全体の一部となる。われわれは実在外の宇宙あるいは隔絶《かくぜつ》された宇宙に住む者ではない。気ままに語り合い、ここ、かしこへと駆けめぐり、見よ、キリストはここに、あそこにと叫ぶ群衆のような、狂乱した無秩序な宇宙の中に生存するのではない。この宇宙は全体として一つの声に調和した真に実在する宇宙であり、キリストにより心が通じ合う、友愛にあふれた宇宙である。宇宙は祈る者としての神の子の出現を待ち望んでいる。世界は悪霊の出没する荒野ではなく、また他の世界へ通じる玄関口でもない。世界はあらゆる存在が演じる一大戯曲《ぎきょく》の序曲のようなものである。人は宇宙自身が示す知識よりも他の知識から宇宙を知ろうとする。しかし、自然は知識一般からは決して理解されるものではない。自然を全実体として知ることは科学でも不可能である。人間全体が神に熟知されているように、断片としてではなく、全体としての自然の認識が神において可能である。われわれは何も所有しないが、すべての存在のために祈ることにより、すべてを所有する者となる。クリスチャンの祈りによって力を発揮する信仰は、自然を前奏曲とする全宇宙の核心にわれわれを据《す》える。その時、思索の歩みや法則の進化は次第に退潮《たいちょう》する。それらの行為自体は休止しないが、注意を呼び起こさなくなる。そしてわれわれは事物の動的組織を恒久確実な中心において捕らえ、真実の救いを受ける――キリストがわが内にあって。

一つの中心がすべてを和解させるところ、
そこに、世界の深遠なる心臓が鼓動する。

人はそのような宇宙の中心に置かれているのである。そしてすべてのとりなしはこの永遠の地においては直接的なものになる。そこに行きつつあるとき、すでにそこに到着しているように感じる。「彼らは喜んでイエスを舟に迎えようとした。すると舟は、すぐ、彼らが行こうとしていた地に着いた」〔ヨハネ六・二一〕。すべてのものが相《あい》働いて永遠の生命に至る。永遠の生命は成長する有機体に存在の意味を与え、真の有機体はこの生命を宿すゆえに成長する。それが真の生命のしるしである。精神と人格はすべての中で最も偉大な有機体である。精神は、神により神の内において、理解されるべきである。神は永遠であり、進化の過程、過去、未来をも、永遠の現在と変えてくださる。人間はすでにあるべきものとして存在するゆえに、自分の精神を神との真の交わりにおいて把握《はあく》し、信仰によって洞察力を獲得し、歴史のはるか未来の転換を予見する。祈りに神ご自身が目的をたずさえて来臨《らいりん》されるとき、人は神が目ざしておられる「すばらしい」被造物となる。祈りで念願が成就するばかりではない。精神は充満する。神の訪れをうけたとき、人は自分の精神や人格を特定のある段階において認識するのではなく、精神の充実において、歴史、世界、永遠性の全体的、究極的地位において認識するのである。時間はそれ自体何の意味ももたないが、偉大な天才を生む貧しい母のように、その中に永遠の意味をはらんでいる。そして、人はその意味を祈りによって把握するのである。すなわち、祈りによって、真の核心、真の運命、神の恵みの中に突き進むのだ。その時、「あなたの隣人を愛せよ」という律法、あるいは「あなたの敵を愛せよ」という命令は生命の原理となり、何ら圧迫とはならない。

軛《くびき》は軽くなる。すべてに七の七十倍の赦しが与えられ、人間同士の摩擦や、悲嘆は消失し、愛と喜びが味わわれる。人生の一切の圧迫は信仰の結晶を形成する。信仰の美しい宝石を造られるのは神ご自身である。

祈りによって神の御《み》前に立つとき、人の存在は正される。意志は道徳的に矯正《きょうせい》され、神の意志を行なう力を得る。他の行為や努力が、神への奉仕において、たとえ不確かであっても、祈りにおいて正される。もし、真実に神を求めるなら、求める方法が間違っていたとしても、それは罪ではない。神は適切な方法で神の心に沿《そ》うよう正してくださる。祈りは神の意志に従うことであり、祈りにおいて、人は本来あるべき場所に立つようになる。祈りは思考を正し、思考による企画の目標や願望を正す偉大な力をもっている。祈りは思想の形態や情熱にも意味をもつ。祈りは、神に対する正しい関係の極致《きょくち》であると理解し、祈りにおける神との関係ほど正しい関係は他にないと確信するならば、祈りは人生の目的や様式、精神あるいは趣向《しゅこう》に対して偉大な効果と価値を発揮するにちがいない。聖なる神との関係、あるいは道徳的力を正す祈りは、人生のあらゆる時間と状況の形成力である。

そして祈りそのものの精神や趣向、形式、あるいは内容の形成力ともなる。

心から祈る者と祈らない者にとって、恐るべき第一次世界大戦の結果は、非常に異なるものがある。戦争はふるいにかける審判である。戦争は祈らなかった者を祈りへと向かわせ、祈る者の祈りを増し加える。戦争は何の苦労もなく育った者、十字架の苦悩を経験しない人を、信仰の面で懐疑的にし、祈りのない者にする。戦争はかれに以前よりも混乱した神不在の世界を提供するだけである。神なき世界では、諸国家が力を回復するや、新たな大戦を勃発《ぼっぱつ》させる。祈りなき精神は聖なる神に対する思想と確信を衰弱させるゆえに、同じ国民の道徳的力を徐々に崩壊させてしまう。祈りは道徳的祝福であり、創造力である。祈りはその本性上、曖昧《あいまい》な量的、情熱的信仰を秩序ある願いと努力を伴う信仰へと移行させる。祈らない人の精神はそこなわれ、精神的行動と思考力は減退《げんたい》する。すべての致命的異端《いたん》の根は祈らないことにある。祈りはこの世の手がかりを発見させる。祈りなくして、世界は形なく空しいものである。祈りはわれわれの周囲に悪霊の通過できない奇跡の円を描く。ヴィネーは語る。「祈りは清澄すぎて害虫の住めない大洋の島の空気のようなものである。また、潜水夫が深海に潜る前に潜水艇内に自らを閉じこめるように、祈りという清い空気で自分を囲むべきである」と。

もし教会に信仰の交わりがあるならば、そこには祈りの交わりが必ずある。なぜなら、祈りの交わりは信仰の交わりがとる初めの形だからである。教会の一致は祈りの交わりの中に存在する。教会の一致は、祈りの背後にあり、祈りが効果を与えるもの、すなわち、祈りの精神であり、一致の根源であるキリストにおける神とわれわれの関係、新しい創造のうちに存在する。教会の一致のために祈ることは、一致そのものをもたらすというよりも、一致へと刺激し、基礎を与え、促進することである。祈りは一致への重要な運動なのである。真の教会は祈るクリスチャンの共同体、すなわち和解の福音に対する応答として、神と交わりをもつクリスチャンの共同体といえる。同一の神、キリスト、救い主を信じるクリスチャン同士が制度的に相違しているという理由で共に祈ることを拒絶するならば、それは全《まった》く恐ろしいことである。

祈りは約束である。すべて真実な祈りは誓約を伴う。そうでなければ祈りは真剣とはいえず、人生の厳粛《げんしゅく》さとは何の関わりもないものとなる。解答を得ようと全力を傾けず、最善を尽くさないならば、真剣に祈っているといえようか。そこにある種の偽善がないとどうしていえよう。これは特にとりなしの祈りにおいていえるのである。金持ちになろうとして、自分の時間と関心のほとんどすべてをそこに集中している人が、貧しい人のために祈ったとしても、どんな価値があるのだろう。国家への犠牲的奉仕に対しては無関心であるが、活動的時間の大部分を国家から何かを獲得することに関心を集中している人が、国家のために祈ったからといって、誠実だといえようか。祈りは自己犠牲の一形式である。しかし、祈りだけが唯一の犠牲の形式にすぎないのなら、それは空しい奉納物《ほうのう》でしかない。人が自分の子のために神の祝福を祈るとき、自分の側に落度がないことを誓っているのである。（多くのクリスチャンの両親がそうであるように）人が子供に対して何ら信仰的関係をもたないならば、その祈りは全《まった》く現実的ではなく、また、祈りが失敗に帰したと聞いても何ら驚くに価しない。神の国のために祈るということは、神の国実現のための奉仕と犠牲とに、自分自身を捧げることである。神の御名《みな》が崇《あが》められますようにという祈りで一日を始めても、信仰生活の中で、至高なる場所を実際に聖なる神に与えないならば、誠実とはいえない。復讐《ふくしゅう》心を抱く者が復讐の赦しを乞《こ》うて祈るとするならば、それは小麦を買い占めながら日ごとの糧《かて》を祈る者のように、こっけいである。そのような人が主の祈りを捧げることは、自分に主の審きを招くことである。もし使徒信条がそうであったように、主の祈りが教会員になるための一つのテストになってしまうなら、教会の内容は推《お》して知るべしである。主の祈りは主に対する一つの誓約である。クリスチャンだけが祈ることができ、また祈るべきものである。偉大な神礼拝は偉大な奉仕と行為への自己参与であり、実行である。祈りと共にはじまる一日は、祈られたことが、祈りにおいて実行され、行為において祈られるのでなければ単なる形式となってしまう。祈りがその日の最善のはじめであるならば、役に立たない書物の美麗《びれい》な表紙のようなものであってはならない。

「あなたのみこころが行われますように」〔マタイ二六・四二〕。これが祈りの真の精神でなければ、いやしくも自己を認識し、自分の祈りとその運命を回顧《かいこ》できるときが来たならば、どうして祈る勇気をもちえようか。神の知恵にわが身をゆだねるのでなければ、祈りは効果があるだけに非常に危険なものになるだろう。真実な神はすべての祈りに答えるという約束はされていない。人類の父なるがゆえである。わたしの穀物を救う雨は隣人のものをそこなうかもしれない。祈りは、確実にただちに功を奏すると信じることは、祈りを麻痺《まひ》させるだけである。力が愚かな者の手に託されることは恐ろしい。熱心な多くの祈りの中のいくつかが神によって認められるだけということは、自らの知恵の過信に対する良い薬である。欲望の成就が逆に魂を弱らせたとき、「お前が欲しいと言ったから与えたではないか」という神の約束のことばほどわれわれを打ちのめすものはない。それは神が多くの人に語られたことである。しかし、神はさらにお語りになる。「わたしの恵みはあなたに対して十分である」〔Ⅱコリント一二・九〕と。

Ⅱ　ねばり強い祈り

今までの記述において、祈りは熱心でねばり強くあるべきだと暗に述べてきたが、嘆願的、集中的、積極的祈りのみでなく、執拗《しつよう》な祈りも順守すべきものであることを述べたいと思う。なぜなら、祈りは単なる瞑想や交わりではなく、また、「静寂主義者」が理想とする従順な調べをもつ祈りであってはならないからである。われわれの祈りは「みこころがなりますように」ということばでいつも終わるかもしれない。しかし、そのことばで始める必要はない。キリストが執拗な祈りを強調されたことを記憶すべきである。ねばり強い祈りは毅然《きぜん》とした信仰の回復を助ける――そしてその時、敵対者は少なくともわれわれに敬意を抱くようになるであろう。

このねばり強さについて、さらに詳述《しょうじゅつ》しよう。これは祈りと信仰の本質に密着している問題である。祈りがねばり強いものとならない間は本当の力とはならない。そして、神の意志にまで影響を与えたという実感に至らない祈りは、ねばり強いとはいえない。わたしはあえて自分の確信をここに挿入《そうにゅう》するが、祈りに対する不信が、自然はどんなことをしようと不変であるという科学的見解に基づいていることは少なく、大部分は公《おおやけ》の礼拝で耳にするだらしない祈りが原因なのであり、それはしばしば天国へ郵送する新聞口調、あるいはにわか造りの辞句《じく》にすぎないからである。ねばり強く祈れといっても、自分の利己的な意志を神に押しつけ、神をして神秘的ではあるが、思いのままに動かしうる、強制もでき、利用もできる力とみなし、感情的に命令し、また、がむしゃらに固執《こしつ》することとは違う。

霊的生活の深化は、宗教会議の主題であり、自己の向上を努める人々の心をしばしば捉らえてきた問題である。しかし、この句を常に用いる人々の理想が、果たして偉大な聖徒たちの認めるものであったかどうかは疑問である。「霊的生活の深化」ということが、三つの不幸と関連していることを彼らが知っていたからである。それゆえに、

第一に、偉大な聖徒たちは、こういう人々の間に一般的に行なわれている聖書の部分的、個人的、主観的、幻想的解釈に基づく使用を避けようとした。

第二に、洞察力に富む彼らは、こういう人々が自己を反省し、自己を測定するとき、「深

められた」精神が、あまりにもしばしば精神的利己主義と結合することを知って、異和感を覚えていた。

第三に、彼らは、審判と贖罪《しょくざい》の意識が欠けていることを洞察していた。霊的生活の深化と霊的感受性の鋭敏化をまず区別すべきである。十字架上のキリストが霊的に深い体験を味わわれたことは確かである。霊的深化を伴っていたとはいえ、人に見棄てられたキリストの霊的感受性は逆に鋭敏化されたとは言えない。

霊的生活を深めるには明らかに多くの障害が存在する。その中の一つの障害を述べよう。それは黙従《もくじゅう》、諦《あきら》め、静寂主義として考えられている祈りである。われわれはあまりにも早く「みこころがなりますように」と祈りやすい。しかし、あまりにも簡単に事態を神の意志として甘受することは、柔弱《にゅうじゃく》や怠惰《たいだ》を意味するのである。神の意志に打ち勝つほどに祈ることが神のみこころであり、神のより高い意志の実現を目ざして、頑強《がんきょう》にねばり強い祈りを捧げることが、さらにみこころにかなうことなのである。感傷的祈りでなくて、意志的祈りであるべきである。意志による勝利は黙従に勝る。服従すべき時には服従せねばならないが、服従は唯一の努力目標ではなく、基調として一応確保しておくべきものであり、あくまで意志的行為を貫かねばならない。われわれの祈りから格闘的祈りが消えて久しい。しかし、格闘的祈りこそ聖書を支配している理想ではないだろうか。唯一の理想ではないとしても支配的理想ではないだろうか。われわれの祈りにおける服従の調子は、時として余病を引き起こしそうで、また非現実的である。

祈りには神の意志を変える力があると語ることをためらう人があるために、格闘的祈りの問題をさらに詳述したい。二つのことが考えられる。

第一、祈りは、実際に神の意志を変えることができないとしても、神の意向は変えることはできる。

第二、祈りは、神のかたちに創《つく》られた人間の力と同様に、神の意志に逆らう形をとることができる。神の意志に逆らうことも神の意志にかなう場合がある。

一、第一の点について。神の意志あるいは意向すらも変えることができないと信じる人からは熱心な祈りは消えてゆく。そしてちょうど、意志のこもらない思索が夢想へと逸脱《いつだつ》し、積極性を失って受動的になるように、祈りは儀式的ことばあるいは神が漏《も》れ聞く人間

郵便はがき

料金受取人払郵便

牛込局承認

5072

差出有効期間
2019年5月1日
まで
（切手不要）

162-8790

東京都新宿区新小川町9-1
キリスト新聞社
愛読者係 行

お買い上げくださりありがとうございます。
今後の出版企画の参考にさせていただきますので、ご記入のうえ、
ご返送くださいますようお願いいたします。

お買い上げいただいた**本の題名**

ご購入の動機　**1.** 書店で見て　**2.** 人にすすめられて　**3.** 出版案内を見て　**4.** 書評（　　　　　）を見て　**5.** 広告（　　　　　）を見て　**6.** ホームページ（　　　　　）を見て　**7.** その他（　　　　　）

ご意見、ご感想をご記入ください。

キリスト新聞社愛読者カード

ご住所　〒

お電話　（　　　）　E-mail

お名前　性別　年齢

ご職業

所属教派・教会名

図書目録

要　・　不要

キリスト新聞の見本紙

要　・　不要

このカードの情報は弊社およびNCC系列キリスト教出版社のご案内以外には用いません。
ご不要の場合は右記にてお知らせください。

・キリスト新聞社からの案内　要　・　不要
・他のキリスト教出版社からの案内　要　・　不要

ご購読新聞・雑誌名

朝日　毎日　読売　日経　キリスト新聞　クリスチャン新聞　カトリック新聞　Ministry　信徒の友　教師の友
説教黙想　礼拝と音楽　本のひろば　福音と世界　百万人の福音　舟の右側　その他（　　　）

お買い上げ年月日　年　月　日

お買い上げ書店名

市・町・村　書店

ご注文の書籍がありましたら下記にご記入ください。
お近くのキリスト教専門書店からお送りします。
なおご注文の際には電話番号を必ずご記入ください。

ご注文の書名、誌名

冊数

冊

冊

冊

の独りごととなる。祈りは単なる二者の気分や感情の合致《がっち》でも、信頼と服従の思いをこめて、神の胸に頭をもたれかけることでもない。それも宗教の一面であるかもしれないが、祈りの中枢《ちゅうすう》、祈りの精神ではないし、宗教的理想でもない。祈りは意志の戦い――どちらかが譲歩するまで続けられる合戦である。それは単なる霊的実践というよりも、神の世界の進行に働きかける能動的力である。（註）祈りが真の能動的力となることができるのは、神の恵みによる。そしてもちろん、神の恵みに応《こた》える信仰が必要であるし、神の意志が完全に明確、終極的である場合には、つぶやかずに受け入れる準備がなければならないのはもちろんである。「わたしの恵みはあなたには十分である」（Ⅱコリント一二・九）。それはその通りであるが、聖別された要求や希望によって、神の意向を変えようとする絶えざる努力も必要である。パウロの場合を考えると、神の恵みが十分であることを受け入れる力は、神の意向を変えようとする執拗《しつよう》な祈りの後に与えられていることがわかる。パウロは「みこころがなりますように」という心境に達したのであって、そこから出発したのではなかった。神の平安は終わりに臨むのであって、初めに臨むのではない。

（註）宗教を絶対的依存の感情と定義するシュライエルマッハーの見解からは、この考えは

排除される。なぜなら、彼は神に対する人間の積極的働きかけの余地を全く認めないからである。そしてそれはまた、ロバートソンのような偉大な聖徒にも見られる深刻な欠陥である。

「みこころがなりますように」は単なる諦《あきら》めのことばではなかった。弱い者を強くするよりもむしろ弱い者を賞賛する傾向のあるキリスト教界においては、このことばは諦めを意味するものと解釈されてきた。しかし、祈りとしてのこのことばは、神の意志と積極的に協力する姿勢を示しているのであり、積極的な役割を意味するのである。強い意志に服従することと、他者の意志と一つになることとは異なる。人が服従するのは、他者の強い意志に反対することができないからである。他者の意志と一つになるならば、屈することはできない。

神の意志は孤立した力ではなく、人間とかかわる力である。しかし、生まれながらの人間の意志は神の意志と一致せず、むしろ逆らう。そこで「みこころがなりますように」ということばは消極的に解釈され、神の意志への反抗の終わりを意味するものと考えられたのである。それは神の意志の受容どころか逆に意志機能の休止を意味するのであり、卑屈《ひくつ》と諦めを促してしまうのである。しかし、主イエスの祈りにおけるこのことばは果たしてそのような意味なのであろうか。神の意志が実現されてゆくことに対して、人間は何らの反抗も、反対もなしえず、ただ喜んでそれを受け入れねばならないという意味なのであろうか。もっと積極的な意味があるはずである。すなわち、人間は積極的に神の意志を行ない、助け、神の意志をもって自分の意志の全内容とし、祈りにおいてあらゆる意志の可能性を――それは究極においては人類の偉大な意志の力であるが――神の意志に注ぎ出すという意味ではないだろうか。神の意志が実現され、神の国が成就することは、われわれが心から切望していることである。そして神の国も神の意志もこの切望なくして実現成就されないであろう。キリストにとっては神の意志は慰めであり、喜びであったばかりでなく、かれのパンであり、水であり、力の源泉、働きの真髄であったのである。

神の恵み、その意味における神の意志、その偉大な意志と究極の目的――すなわち、イエス・キリストにおける人類の祝福と救済と贖罪《しょくざい》――は変わることがないにしても、この意志を遂行するために神は臨機応変《りんきおうへん》に行動なさるのである。神の方法は伸縮自在《しんしゅくじざい》であり、柔軟性に富んでいる。神の意志は不変であるとしても、神の意向は人間に応じて変わるのであり、神が行為なさる各段階は人間の自由と神と自由の相関関係で変わりうるのである。

ある人が無自覚的な生活を送っているとしよう。すると、この無自覚的な人に相応した処置が神によってなされる。しかし付与《ふよ》された精神的自由を用いて祈りに導かれ、無自覚的状態を脱却し、神が願いを聞いて自分に来臨《らいりん》されるよう祈り求めるようになったとする。そのとき、神は今までとは違った応答をされる。そのような人間の自由に起因する変化に相応して、それまでとは違った態度をとられる。神の言《ことば》に耳を傾けない者へのそれまでの態度は変えられて、他の態度、すなわち、一人の弱い者に接するような態度がとられる。

このようにして、われわれは祈りによって神の行為に変更を与え、その限りにおいて神の意志（少なくとも神の意向）に対する変更を促すことができるといえるのである。祈るにつれて、祈りなき者に対する神の訓練は祈りに満たされた者に対する訓練へと変わる。われわれが祈りによって獲得するものは、神が祈りによって動かされるまでは与えようとはなさらなかったものである。われわれは人間に対する神の意志や関係を変えることはできないとしても、人間に対する神の態度や行動を変えることはできるのである。

さらに、どんなに祈っても解答が容易に与えられず、恵みがなかなか臨まないときがあるものである。なぜであろうか。おそらく霊的準備がまだ不十分であるからであろう。この時に恵みが与えられるとすれば真の祝福とはならないのである。しかし、ねばり強く、執拗《しつよう》に求める信仰は、われわれの霊的資質向上に大きな影響を及ぼす。木の実が熟すように、神の答えに対して心の準備が熟すときがやってくる。その時、われわれは神をして動かさずにはおかないような霊的状況の中で、自分を神に捧げるのである。この新しい霊的高揚の状態は祈りに対する神の答えなのではなく、祈りの結果なのである。しかもそれは答えを可能にする条件であり、祈りの効果を発揮させる。今や神の賜物は祝福となり、神はもはや反対なさらない。ねばり強さが単なる押しの強さであるならば何の用もなさないのであるが（というのは神はもて余した結果、回答なさるというようなことは決してないからである）、神ご自身が選び望まれるねばり強さ、すなわち、服従、神の国の力、増強された霊的力、真の道徳的行為に伴うねばり強さとなって、初めて受容するにふさわしい力を発揮するのである。われわれが心から求めたものが自分の欲するちょうどよいときに与えられず、与えられた時にはすでに機を逸しているように思われ、それなしにすまされるという考えもあって、もはや求めまいと決心した時に与えられるということが時おり体験されるものである。与えられた時には、風味の大部分が失われているかもしれないが、恵みとしての意義、信仰としての意義は実に大きいのである。神にとっては最善の時であったからである。その時、われわれはそれを所有しても所有しないかのように受け取ることができる。それはわれわれを喜ばすために与えられたのではなく、神の栄光をあらわし、神に奉仕するために、恵みとして与えられたからである。

ここでショーベンハウエルの意味深いことばを想起したい。「一切は幻想である――希望も、希望されたものも」。このことばに絶対の真理がないとしても、多くの真理性が宿されている。希望は決して満たされないか、あるいは満たされたとしても失望に終わるか、のどちらかなのである。希望するものすべてが神から与えられるなら、人間の精神はやせ細ることであろう。子供をお授けくださいと祈願した母親が、その子の不品行に心を痛め、ついには死んでくれた方がよいと思う場合もあろう。希望はわれわれを裏切り、希望したものは逆にわれわれを傷つけるかもしれない。しかし、たとい神がわたしを斬り殺そうとも、わたしは神を信じて疑わない。神に過失はありえないからである。この小さな世界が滅びようとも、神は固く立って不動であり、わたしは神のうちに存在する。わたしは滅びの中にあっても神を義とし、神はみこころにかなった時にわたしを召されるであろう。それは希望が思う通りにゆかないという以上に明白な事実である。わたしは誤ちを犯すかもしれないが、わたしの贖罪者《しょくざい》は永遠に生きておられる。神はわたしを本来の自分にしてくださる完成者として偉大であるが、わたしの贖罪者としてさらに偉大である。神はわたしの希望として偉大であるが、わたしの力としてはさらに偉大である。わたしに期待を寄せられる神を裏切り続ける自分を思えば、神からの答えがないといって失望する自分は、いったい何者であろうか。神がなおも罪深いわたしを信頼してくださるのであるから、わたしが神を信頼するのは当然である。

われわれに対する神の目的は、多くのものを与える与えないということにあるのではなく、われわれを神の国の組織の中へ入れることにあるのである。神に答えることができる力にまでわれわれを高めることこそ神の最善の答えなのである。神が祈りにお答えにならないないのは、われわれが神と神の祈りに答えないからである。神の祈りとはキリストが主張されたように、「あなたがたは神と和解せよ」〔Ⅱコリント五・二〇〕ということである。神と共に確信をもって仕事に当たり、愛の意志が神との交わりにまで高められてゆくことを神は欲しておられる。画家はモデルと取り組み、真実の姿を現すまで戦う。そしてそこに、はつらつとした絵が生まれる。それと同様にわれわれも神が奥義《おくぎ》を開示《かいじ》してくださるまで格闘《かくとう》せねばならない。それゆえに神は概《がい》して神との交わりの回復という見地から与えもし、拒みもする。神の摂理の課程を支配するものは、この霊的人格的目的であって、鉄のような冷たい必然性ではない。自由な霊的存在としての神と人間との間には、絶えざる霊的な交互《こうご》作用がある。いかにして、それが可能であるかは、哲学の重要な問題の一つである。

しかし、神との霊的交わりが存在するという事実こそ信仰の本質である。ここに宇宙は結合する。多くの学説が、どのようにして人間の自由と行為とが神の全知全能と調和するかを説明しようと試みてきた。しかし、一つとして成功したものはない。人間のような第二原因的存在が、宇宙的、第一原因者としての神といかにして両立しうるかということは、論理的に明らかではない。しかし、実践的には何ら疑いのない事実である。祈りにおいて神に働きかける人間の行為についても同様である。現在おそらく次のように言うことができるであろう。われわれは神の恵みの意志を変えることはできない。神の意志は、キリストでさえ変えることができなかった。かれは神の意志を啓示し、あるいは実現したにすぎない。しかし、われわれは恵みを実現するために、現実の事情に応じて変わる神の態度である神の意向を変えることはできる。

聖書には祈りに関するこの見解を支持する多くの事実がある。まずキリスト自身が祈りにおいては服従よりもねばり強さに、より高い価値を置かれたのである。「門をたたけ、そうすれば、あけてもらえるであろう」〔マタイ七・七〕。さらに、不正な裁判官のたとえは言うに及ばず、機知と信仰とねばり強さによってキリストの意向を実際に変え、主イエスの慣例を破らせたシロフェニキアの婦人の出来事もある。恩恵を三度求めたパウロは、たえず、ねばり強く、たゆまず祈れと説きすすめている。ヤコブは神の使いと格闘した。アブラハムはソドムのために嘆願し、神と押し問答をした。モーセはイスラエルのためにとりなし、民の救いのために必要ならば、自分の名が生命の書から消されることをさえ求めた。ヨブは神に面しながら抵抗し、神の啓示を探り出した。最後にわれわれはゲッセマネの園に、父と苦闘し祈るキリスト自身を知る。

キリストの祈りは最大の規模の格闘であった――人類の大戦争においても、国家間の重大な交渉においても、この祈りが課せられているのである。祈りの結果、しばしば非常に精力を消耗するかもしれない。しかし、真実の祈りの結果は、必ずしも常に平和であるとは限らないのである。

二、第二の点について。この格闘はある意味において神への反抗である。反抗なくして格闘することはできないし、また、反抗がないならばキリスト教的宿命論になってしまう。この反抗は単なる自己自身、無知、我意との格闘を意味するものではない。そうならば祈りではなくて自己叱責《しっせき》にすぎなくなる。祈りは神との格闘である。そしてその結果、神の前に屈することは、人間――たといそれが自分自身であろうと――に屈することにまさるのである。それは神の愛される反抗である。それは神を知らず、我を張る、挑戦的な反抗とは全然別種のものである。愛の中にある種の反抗があり、この反抗は愛を強めるものである。愛の反抗は憎悪の反抗とは全《まった》く異なる。愛するものに屈するのは、敵に屈するのとは大いに異なる。

変わらざる二人の恋人、一つに結ばれて、
互いに屈《くっ》しつつ　他の誰にも屈することなく。

かれらを一つに結んだのは別の力ではなく、愛の力だったのである。
神が、キリストの名による祈りおよび信仰と愛の祈りによって、譲歩なさるとすれば、それは人間の祈りを激励なさる神ご自身への譲歩なのである。ちょうど、ほかにより偉大な存在がないゆえに神が自分自身に対して誓われるように。クリスチャンの祈りは実《じっ》はかれの中にあって祈る聖霊の祈りなのである。それは神の国の連帯的責任を負う祈りである。それはゲツセマネにおける格闘、父との苦闘に身を挺《てい》したキリストの祈りの継承である。しかし、もしそうであるなら、祈りは神が神に対して訴え、神が神と取り引きする行為なのである――真の贖罪《しょくざい》はこのようなものでなければならない。そして神が屈服なさるときは、外部の自分以外の力に対してではなく、ご自身に対して屈服なさるのである。

この点に関してさらに明確にしておきたい。人間が神の意志に抵抗できるのは、神が仲介的、超越的であろうと欲し、神が一時的に抵抗されることを欲しておられることに、抵抗が許されているからである。人間の抵抗は神が人間の抵抗を欲しておられることに起因する。そのことによって人間が神の意志を制限することはない。それは人間の道徳的自由が神の意志を制限しないのと同様である。自由は神の像《かたち》であり、ある意味ではその一部である。もし人間が自由を行使しないならば、神と神の自由を裏切ることになる。このようにして神の意向に抵抗する祈りは、神の意志実現への参与にほかならないのである。

神はわれわれが抵抗し、格闘すべき事がらの存在を欲しておられる。教師は教え子に問題を与えて苦労させる。その目的は自分で困難を克服させることにある。われわれは解答を熟知した問題を子供たちに与える。その意図するところは解答にはなく、その問題と取り組ませ、格闘させることにある。そして、子供たちに報酬を与えるとすれば、正しい解答をなしたということよりも、困難を耐え、素直に努力したことに対してである。この努力こそ祈りにほかならない。祈りは解答を離れて、それ自身の報酬をもつのである。

これこそわれわれが行なう教育の原則である。神の行なう教育の原則もこれと同じである。しかし、わたしが意図するものは、祈りの反射作用以上のものである。もし〔祈り求めた量だけ反射的に聞かれるという〕反射作用が祈りのすべてであると考えるなら、そこから誤りが生じてくる。人は実行のためでなく、単なる課題のために祈らねばならないことになる。それは神学的形式を備えていても心理学的効果しか期待できないものになる。また、それは人間が神に関心を抱く以上に神が人間に関心を示してくださることはないと考えることになる。しかし、わたしの言おうとすることはこれと違って、人間に対する神の教育には低い次元と高い次元があり、低い意志と高い意志、先のものと後のものがあるということである。神の低い意志の目的は、反抗にあい、格闘を通して高い意志に到達させることにある。神の意志によってあなたが週給二、三シリングをかせぐ父をもつ貧しい労働者の家に生まれたとしよう。この境遇に甘んじて、一歩もこの状況から脱出しようと欲しないのが神の意志であろうか。確かにそのような家庭に生まれたことは神の意志による。しかし、この境遇に反抗してはならないと神は命令されるであろうか。否《いな》、この境遇に対して賢明に抵抗し、神の低い次元の、先の意志を乗り越えてゆくことこそ神の真の意志なのである。低次元の神の意志の目的はここにある。言い換えれば、人間が神の意志に抵抗し、反対することが神の意志なのである。このことは幼児期の人間一般についてもいえることである。

もう一つ。病気は神の意志なのであろうか。たとい自分自らが招いた病気であっても、人は時おり神からの病気と考えやすい。恐らく病気は人間の無知、怠惰もあろう。仮に、純粋に神の意志によって生起した病気の場合を考えてみよう。人間がまだ生存しない時代の動物においてはそのようなことがあったであろう。しかし、そのような場合でも、人が横たわり、病魔のなすがままに任せるのが神の意志であろうか。すべての医者は、否《いな》と言うであろう。病気が仮に神の意志により罪に加えられる刑罰だとしても、医薬はあくまで病気への対抗物として存在する。医者は諦めが自分たちの敵であると言うであろう。もし患者が初めから諦《あきら》めてかかり、すべての努力を放棄して、生きようとする意志が全《まった》くないならば、医者は希望を捨てるであろう。神の意志と戦うことが医者の仕事であり、それに力を合わせる者は医者の同志である。なぜであろうか。神が抵抗を欲して病気を与えられるからである。すなわち、神は病気との苦闘を通して人間がより強くなり、自然に対する支配とその才略《さいりゃく》にあふれる者となるために病気を与え、人間の抵抗を欲したものである。

さらに死を考えてみよう。死は神の意志である。死は神意の中に生じる人間の生理的必然である。それは罪の結果ではない。人間が罪を犯す以前に死は存在したのである。死は不まじめに受け取られるべきものではない。死に抵抗する医者は不敬《ふけい》の存在というべきであろうか。死を怖れて畏縮《いしゅく》することは罪であろうか。死から脱れようと努力し、生きようと必死になるところにこそ多くの人間の生活があるのではないだろうか。われわれが愛する人あるいは他の人の生命のために祈り苦闘する場合もまた同様である。ある男が平静を失って叫んで言った。「先生、わたしの子供が息のあるうちに早く来てください」。彼の心境は親しみ深い共感を呼ぶ。「どうか先生、そんな難しい宗教の話はやめて、何とかしてわたしの子供の病気をなおしてください」。果たしてこれは不敬虔な願いであろうか。その男は無学、実行派の英国人であったが、全く不信仰な人間ではなかった。そして、この男の願いは同じような多くの人々の願いと同様に聞かれたのである。しかし、この場合、もし死が神の意志であるならば、死に逆らうことによって神の意志に抵抗したことになる。ただが抵抗することこそ神の意志にかなうことなのである。常に神の意志を実行なさったキリストは、自分の死に抵抗し、最後の時が来るまでしばしば死を免《まぬか》れておられる。最後の時にも、キリストは不可避と思われる死に対して全力を傾けて抵抗し、祈りを捧げておられる。「みこころならば苦《にが》き杯《さかずき》を取り去ってください」。キリストは死の覚悟ができておられた。しかし、死は最後の場合であり、あらゆる手段がとられて、もはや死以外に道がないという時に死を受け入れられたのであった。キリストは最後まで他の方策《ほうさく》がありはしないかという希望を棄てられなかった。そしてついに自由意志に基づいて、自発的に死んでゆかれたのである。それを不本意の死というべきであろうか。キリストは、かつて天地に行なわれた行為の中で最も祝福に価《あたい》する神の意志にかなった行為にさえ、抵抗しつつ死んでゆかれたのである。抵抗はしても、もしそれが神の明確な意志であるならば、喜んで服従するという覚悟はもとよりあったのである。

全自然はまことに神の意志であり、すべての恵みは自然と抗争している。人間には本性上ある種の欲情があるが、これは神の意志である。しかし、この欲情を満たすのが神の意志であると同様に欲情に抵抗することも神が求められることである。欲情はそれにおぼれることも、抑制《よくせい》することもできる神の意志として存在している。生まれながらの人間が救済されるということは、自然的本性に対する抵抗と、神ご自身が低次元の段階として設定された状況（それは魂の住居、墓場というものではない）からの解放も含んでいるのである。その時点で祈りは進化の道程に立つ。

服従は信仰の重要な目標である。しかし、服従は単なる屈服や諦めではないし、祈りにおいてさえも、常に黙従の形をとるとは限らない。自分の要求を強く力説し、それをもって真の嘆願《たんがん》とするとき、神の決定に従うときと同じ程度の神への従順となっていることがある。また、神の意志を変えようとする努力にも同じように神の意志への服従に劣らない精神があるのである。神の国は激しく襲われている。ダンテ『神曲』の天国篇二十篇九四に次のような美しい一節がある。

天の王国は熱烈な愛と強大な望みによって激しく襲《おそ》われる。
それらは神意に打ち勝つのだが、
人が人に打ち勝つのと同じではない。
神意が負けることを望むから勝つのだ。
そして、負けた神意は仁愛により勝つのだ。

祈りによって神を説き伏せて幸福をひき出せというのが神の恵みの意志である。このようにしてまでわれわれに幸福を与えようとなさる神の恵みをどうして愛さずにおれようか！　祈りに対する答えは、軽薄な利己主義で求める者に対して、かわいさゆえに心やすく与えるという親切なものとは異なる。「われわれが抵抗する者こそ、われわれの救済者である」。神と抗争《こうそう》することは神の意志を行なう一つの方法であり、抵抗は「みこころをなさせたまえ」という祈りの一方法なのである。神が要求なさった死を拒もうとされたキリストこそ神の意志にかなう者であった。それは死に至るまでの従順と同様に神を喜ばせたのである。しかし、もし祈りによって神の意志を変更させることができないとすれば、キリストの祈りは神を喜ばせたといえるであろうか。キリストがそのように信じておられたならば、はたしてあのような祈りをされたであろうか。もしわれわれの信じる神が祈りによって動かされることのない方であるならば、信仰は祈りを鼓舞《こぶ》することができるであろうか。動かされることのない神に対する祈りは、その神がいかに善なる方であろうとも、それは人間の欲望から生まれるものであって、クリスチャンの祈りの根拠である神自身の啓示、あるいは信仰に発する祈りではなくなる。われわれの低い成長段階においては、神の意志と思えるもの、否《いな》、実際に神の意志であるものへの反抗的祈りこそ、神の意志なのである。そしてこれは疑うことのできない事実である。

精神生活を衰えさせ、性格の活力をうばい、祈りから意志と思索《しさく》を追放することによって謙遜を単なる黙従に、敬虔を単なる柔弱なものにしてしまう敬虔主義的運命論をわれわれは警戒しなければならない。「多くの宗教の災いは、人間が力によらず、自分の弱さによって神にすがりつくことにある」とメレディスが述べている。

柔弱な黙従が人々に人気があるのは、それがより容易だからであって、聖化への行為を欲するからではない。安易な福音はキリスト教を衰亡《すいぼう》させるものである。それは信仰を犯す結核菌である。

「みこころがなりますように」と一番自然に言えるのは、黙従と諦めのときであり、苦闘し格闘するときではないという考えを抱くにいたると、あらゆる努力は服従ほどには信仰的見地から見ばえしないものになる。そして外的権威への服従を第一の美徳と考えていた時代に生まれた教会の信仰に陥ってしまう。そうすると、監督派の教会の独裁的宗教観に見られるように、生活と礼拝において、礼儀作法や服従を宗規にかなうものとし、努力よりも秩序を、生活よりも規則を、信仰より儀礼を、偉大な力よりも美しい形式を重視するようになる。しかし、新約聖書の信仰に生きる人々のしるしは、単なる黙従にあったのであろうか。もしそうならば、信仰はある種の美しさを獲得するとしても、活力を喪失するであろう。外形はうるわしくても、力はうばわれるであろう。形式が美しくても、審美《しんび》的《てき》敬虔にすぎなくなる。作法《さほう》が尊重されるかもしれないが、精神は破壊《はかい》される。魂の要求と信仰から生まれたとしても、知性の規範《きはん》をもって祈りを制御《せいぎょ》する宗教になってしまう。ある種の弱々しい情緒を養いはするが、意志を去勢《きょせい》し、力を俗化させ、性格を空疎《くうそ》にする。人を驚かすほどの罪を犯すこともなく、また立派な魂をもつわけでもなく、ちょうど、銅貨のように整ってはいるが、薄く、安っぽいものとなるのである。

いかなる宗教形式や宗教観も祈りによって鍛錬《たんれん》される。祈りのねばり強さを失い、祈りが神に対するひとりごと、雑談《ざつだん》にすぎないものとなり、意志と意志の真剣な抗争であることをやめ、神との格闘の習慣も神に打ち勝とうとする希望も失われて、祈りが単なる神と語り合う散歩になってしまうならは、それがいかに高価なものでも、最後には真実の祈りを失ってしまうであろう。それは祈りを原理的に魂の偉大な行為とはせず、単なる談話となすからである。そして、性格の糧《かて》、意志の新鮮な力を失って、美しい祈りを捧げることはできるかもしれないが、美しいものが往々にしてそうであるように、力の弱い、はかない祈りとなってしまう。最後には宗教の本質を見失い、贖罪《しょくざい》は単なる啓示、信仰は同意、献身的行為は文化の一現象にすぎないものとなる。十字架の力と魂の力を失ってしまう。

神を拒絶するという意味で神に抵抗するならば、人はいかなる悪霊に対しても抵抗することができなくなるであろう。しかし、神に接近するという意味で神に抵抗し、弱さ、あるいは消極的信仰をもってのみならず、むしろ力と積極的信仰をもって神に結合するならば、神はわれわれに力を与えてくださるであろう。神に愛撫《あいぶ》されるよりも、神に格闘を挑んで、神の御手《みて》に身を投げかけるべきである。神はこの聖き戦いを愛される。相手として偉大すぎる神はわれわれを足元から引き上げるであろう。しかし、それはわれわれをこの地上から引き挙げ、善き戦いを戦い、自分の永遠の生命として神をしっかりと把握《はあく》した者のみが住む天上の国にわれわれを置くためである。

Ⅲ　不断の祈り

クリスチャンの自由としての祈り、クリスチャンの生活としての祈り――この二点について述べたいと思う。

一、祈りのうちに含まれ、達成される道徳的自由について。

祈りは行為に現れた宗教であると述べられてきた。しかし、それだけでは十字架に息づく祈りの定義としては十分ではない。同じことが人間一般に対するキリスト教の数々の奉仕の諸形式についてもいえる。その定義は十分に真実ではあるが、現に活動している宗教の本質を明らかにすることによって、より深化させることができるかもしれない。祈りは単なる主観的な宗教行為ではない。祈りは活ける神に信頼する信仰の効果ある働きであり、祈りは自分よりも神を信頼し、自分の命ではなく神の御子であるキリストの命を生きる魂の、効果的な労働なのである。祈りは行為となった信仰であるという方がより正しい表現であろう。「信仰」ということばは、「宗教」ということばよりも、より客観的な内容を示しているからである。信仰とは絶対他者への信頼である。祈りにおいて、われわれは、労働するというよりむしろ共同作業をするのである。われわれは神と共に働く同志となるのである。そして、神はあらゆる存在を支配する最も自由な存在であるから、神と共なる祈りに参与することは、人間としての最高の自由にあずかることなのである。もしわれわれが罪を犯すことにおいて自由であるならば、罪を消滅《しょうめつ》させる祈りによって、いかに大きな自由を味わうことであろうか！　もし、われわれが神の意志を破壊することも自由であるならば、神の意志に立ち返り、その意志を受け入れることは、いかに自由になしうることであろう！嘆願的祈りは、神が自由のために、自由において創られた世界の中での、神と人間のなす協力的労働である。世界は自由によって創られたのであり、その自由は、祈りの自由の余地を残したのみならず、すべての存在が最深の深みにおいて、祈りを産み出すように協力し関心を寄せ合うように促しているのである。信仰において祈るということは、神の自由の内にある偉大な調べに共鳴することであり、それはわれわれが世界の根本的運動に参与させられることである。信仰の祈りは、全世界すなわち全体としての世界が、神へ指向するように創造されたことを認識させる。祈りは世界完成を指示するしるしである。われわれは祈りにおいて、全世界が創造された目的をまさに実現しつつあるのである。われわれがイエスのもとに立ち返ることによって、その間に介在する二千年という時間を跳び越えるのと同様に、御霊《みたま》において、われわれは今とかの時の間のすべてを越える。あらゆる摂《せっ》理《り》的秩序を規定なさる父なる神の愛の対象と目的は、人間とその魂との交わりである。それゆえに、世界の秩序は堅く固定したものでもなければ、運命づけられた進化でもない。それは神と人間において自由に変容しうる、自由の余地を残した伸縮自在《しんしゅくじざい》の、調節可能の、融通《ゆうずう》性のある秩序である。それはつねに神との交わりという究極的目的をめざし、霊的相互作用によって自然のすべてを内包しつつ、目的に向かって成長する秩序である。全宇宙の秩序の目的は「神の子たちの出現」であり、力と確信に満ちた完全な神の子たちを実現することにあるのである。

このようにして、祈りとは、永遠なる父と永遠なる御子の交わりととりなしが時間の中にあらわれたものということができる。われわれは究極的なキリストのために、キリストに向かって結合されてゆく。全被造物もキリストに向かって動き、前進してゆく。祈りは、神の意志を受け入れること以上のものである。すなわち、われわれのうちに働く神の意志を確認する行為である。人がどこにおいても祈ることが神の御心《みこころ》である。神は熱心な祈りを喜び、進んで祈りの内容をよきものにしようとなさる。われわれが熱心に祈るとき、神が最も喜ばれることを実行しているのだと知るべきである。そして、神の意志の中に、われわれの永遠の自由が存在する。この神の意志の中に、われわれは自分の意志を見出し、くつろぐことができる。自由は父なる神の家の自由に属する。しかし、祈りは十字架から汲み出さなければならない。十字架は恵みにおける神の自由の中心的啓示であると同時に、人間解放の最前線の行為なのである。贖罪《しょくざい》の実現と人間救済の達成が祈りの本質である。それは偉大な和解において、聖なるものが、聖なるものに立ち返る自由な復帰なのである。

二、次に、十字架への信仰における、新しい信仰生活の不断の表現としての祈りについて述べよう。クリスチャンの生活とは不断《ふだん》の祈りである。

絶えず祈りなさいと言われると、今日の趣味豊かな人々は、途方もないことを言われたかのように感じるだろう。しかし、絶えず祈れということは正しいことなのである。それをわれわれが否定する必要がどこにあろう。調子の整ったことば、優雅な表現は、少なくとも新約聖書の調べではない。「中庸であれ、決して度を過ぎてはならない」とギリシャ人は語った。しかし、われわれが神を愛し過ぎる、信頼し過ぎるということがありえるだろうか。キリスト教の信仰は、世界との調和を保つということよりも、情熱をもって世界を克服し、率《ひき》いる信仰である。クリスチャンの信仰の勝利は、決定的な歓喜《かんき》の中にあり、漁夫《ぎょふ》の利を得ようとして二者を反目させることの中にはない。キリストの恵みは単なる自然の優美さとは異なる。キリストは教会を社会的巧妙さによって支配なさらない。神の平和は平穏《へいおん》な文化にはなく、しつけられた落ちつきの魅力の中にもない。しかし、キリスト教における偉大な前進的運動は、学問的には法外《ほうがい》とも思える多くのものと関連しているのである。エラスムスはたえずルターから衝撃をうけた。それは十字架の逆説を構成する根本的な法外さのゆえなのである。そしてその法外さは十字架を刺激的なものとする。否《いな》、それ以上に十字架を世界の生命とするのである。――それは十字架が即ち世界の生命であるからである。理性的人間生活において祈りほど異常で、非世界的、超自然的なものはなく、平凡で愚かな水準より遥かに高いすべてのものの中で、祈りほど本能的で、非理性的なものはないのである。クリスチャン生活のすべては十字架から、十字架によって生かされている限り、理性の目には異常なものとして映る。なぜなら、十字架はあらゆるものの中での逆説だからである。そして、聖霊の働きはこの世界における最大の奇蹟である。しかもなお、十字架は世界の原理である。逆説はキリスト教世界の道徳的基礎をなすこの二元論的な表現にほかならない。わたしは日々に死んで生きている。わたしは同時にもう一つの生命に生きているのである。

不断に祈るということは、もちろん休みなしに祈りに専心することではない。文字通りの祈りは不可能である。「かれらは昼も夜も絶え間なく叫びつづけていた、『聖なるかな、聖なるかな、聖なるかな、全能者にして主なる神。昔いまし、今いまし、やがてきたるべき者』」〔黙示録四・八〕。これは真実である。しかしかれらの絶え間なき讃美の祈りが頌栄《しょうえい》の反復であると考える人はその魂の乏しさを暴露《ばくろ》している。これは深きものへの深き呼びかけ、永遠に対する永遠の敬意の表現なのである。神の永遠性に対する唯一の応答は永遠の祈りの態度なのである。

この句はちょうど祭壇の灯《あかり》が消えないように配慮されるように、地上のある場所で、祈りの流れと響きが決して絶えないように教会が配慮する注意深い方法を意味するのではない。また、世界をめぐる太陽の運行に続いて、大群衆がたえず祈りささやくことを意味するのでもなく、昼に、夜に交代で礼拝を捧げる祭司たちの働きのリレーを意味するものでもない。

不断の祈りとは、ことばが初めに神と共にあった（ヨハネ一・一）ように、神と共にあろうとする魂の不断の傾向、方向を意味するのである。あらゆる存在の流れは神に向かって進んでいる。ゆえに、不断の祈りとは「キリストにおいて」生きることであり、キリストに向かって動き、立ち返ってゆく生活であり、神のような生活ではなく、たえず神に向かう生活の中で憩《いこ》うことなのである。祈りの調べが心の習慣となり、新しく形成された音色《ねいろ》となり、精神的緊張《きんちょう》となることなのである。そのような方向において、われわれが世俗的拘束から解放されるならば、魂は神への傾き、探求という新しい拘束《こうそく》により、祈りにおいて神に強く迫るようになるであろう。祈りは習慣となった食欲であり、食物である。成長する神の子は常に祈りという食物を求めて空腹である。しかし、祈りを時おりの祈りと同一視してはいけない。信仰の行為と同じように、祈りは行動として考えられる生活全体なのである。祈りはその純潔と精力的活動をもって生きる信仰の生活なのである。食べること、語ることは生活上必要なことであるが、それらは生活そのものではない。祈りは何と巧みに潜《もぐ》り隠《かく》れることであろうか――快活の装《よそお》いの下《もと》にさえも隠れる！　もしあなたがポートランド半島の潮流を高所から眺め下《おろ》すならば、それは輝いた海としか見えないであろう。しかし、微笑むような静かな海面は恐ろしい潮流としてひろがっていることを船乗りだけが知っている。

この不断の祈りは馬鹿げたものとはほど遠いものである。無茶なことばに聞こえるかもしれないが、どんな人の生活もある意味では、絶えざる祈りを捧げている状態だといえる。生活の祈りとは何かといえば、生活を支配している情熱にほかならない。すべての人間の打ち込む力、野望、情熱は、生活に顕著な努力（nisus）となって現れ、また、まだ達成していない、まだ見ていない未来の実現に対する渇き、設計、実際的欲望となって現れる。

日々の生活は達成をめざす設計なのである。もし、あなたが真の神に祈らないならば、何か他のものに祈っているのである。あなたの心の定まる方向へ――エルサレムかバビロンに祈っているのである。人間が人生において熱望するものは祈りとなる。熱望する対象が相違するだけである。何に対して、何を求めてわれわれは祈るのだろうか。ある人が情熱をもって習慣的に、快楽、知識、富、名誉、権力に心を注ぐならば、その人の祈りはそれらに向かい、その獲得のために祈っている状態にあるのである。かれは不断に祈っているのである。それらはかれの本当の目標であり、その目標達成を日夜待望するのである。かれは時おり、教会に赴き、ひざまずき、クリスチャンの口にすることばをもって嘆願する。かれはそうすることによって一時的な慰めを感じさえする。しかし、それは明滅《めいめつ》する一時の光にすぎず、他のものに対する情熱は絶えまない焔《ほのお》となって燃えているのである。かれの本当の神は、かれが情熱を燃やす対象であり、かれの生活全体において不断に追求しているものなのである。かれは確かにキリストの名において祈っているのではない。かれがいる霊とまことをもって礼拝するものは、宗教心をもったときに呼びかける神とは全《まった》く別の神なのである。かれは自己中心的恵みを求めて知らざる神に祈っているのである。ある意味では、静かに、無意識にかれは祈っているのである。かれの性質の方向と傾向は祈りとなって現れるが、それは本能の祈りであって、信仰の祈りではない。それは回心を必要とする祈りである。しかし、真の神に、あるいは神の敵に――自己中心的自我、悪しき社会、この世、肉、悪魔のいずれにせよ――かれは祈らずにはいられないのである。全《まった》く生気を失わない限り、すべての人の生活は真の神か、神ならざる神への祈りなのである。

「わが神」とわれわれが言うとき、それは何を意味し、誰をさしているのであろうか。どのような意味においてわが神なのであろうか。神は、われわれが利用する偶像、そしてやがてはわれわれを最終的に破滅させる偶像にすぎないのであろうか。

キルケゴールの『あれか、これか』の中にこの問題を移すと、われわれをして更に悲劇的に考えさせる恐ろしい不思議な文章がある。誘惑され、裏切られた女が、誘惑した男に書いている。

「ジョン！　わたしはもうわたしのとは申しません。わたしが今見るあなたは、もはや昔のあなたではありませんから。わたしのジョンという考えを自分の喜びとして以来、わたしは永遠に重く、審かれ、苦しめられ続けているのです。しかし、――それでも、あなたはわたしのもの——わたしの誘惑者、わたしの裏切り者、わたしの敵、わたしの殺害者、わたしの不幸の泉、わたしの喜びの墓場、わたしの悲惨の深淵《しんえん》なのです。わたしはあなたをわたしのもの、わたしをあなたのものと叫びますが、わたしは永遠にあなたの呪いなのです。ああ、わたしがあなたを殺し、短刀をあなたの奥深く突き刺すなどとは考えないでくださいまし。しかし、あなたがどこに逃れようとも、わたしはあなたのもの、地の果てまでもあなたのものなのです。あなたが百人の女性を愛そうとも、わたしはあなたのもの、あなたが息を引きとる最後の時まであなたのものなのです。わたしはあなたのもの、あなたのもの、あなたのもの——あなたの呪いなのです」。

　神と結びつこうとする魂のすべての傾向が、非運のみをもたらすと考えてはならない。神をわれわれの審きとする祈りがあると同様に、神をわれわれの喜びとする祈りもあるのである。

　祈りの中に、人間の地獄の性質も、天国の性質も共に映し出される。

　地獄とは、不断に、情熱的に打ちこんでも、実りなく、希望もなく、自己をいたずらに蝕《むしば》む祈りのことである。それは心をかき乱し、心を打ち砕いて悲惨へと追い込む。地獄は生命の激情と苦闘であり、面白味のない、塩辛く、ただ浸蝕《しんしょく》する海と似て、空しくわが身に寄せ返すだけである。それは泉と湧き立つ心の血潮《ちしお》が再び血の雨となって頭上に落ちてくるような、止めようにも止めることのできない祈りであり、呼びかけても答えなく、何も得ることのできない祈りなのである。それは空間と暗闇《くらやみ》への祈りであり、またそれは自己への呼びかけにすぎず、自分が自分に加える悪しき重圧《じゅうあつ》である。分裂した二つの自我は、空転して粉をひかぬ二つのひき臼《うす》のように、空しく回転するのみである。

しかしながら、また、祈りは天国でもある。それは神に帰り、神に到達し、そしてそこに憩うことであり、全実存が祈りであるキリスト、われわれのために全《まった》く神と共にいますキリストにおいて」存在することなのである。キリストは祈りにおいて、われわれの地獄を絶滅し、天国を心に創造してくださる——その時はじめて、激怒《げきど》と激情は静められる。

絶えず祈る精神を養うためには、より多くの祈りの実行を積み重ねなければならない。自由に祈ることを体得するためには、自分に祈りを強いなければならない。偉大な自由は強要から生まれる。

「わたしは祈ることができない。祈る気持になれない」などと言ってはならない。祈る気持になるまで祈るとよい。身近な例をあげて考えてみよう。最も休養を必要とするときは、横になって休むことができないほどに気持が乱れて落ちつかないものである。その時には、無理にでも横になって静かにしていることである。自分に強制した意識は十数分間で消えて、心は静まり、やがて眠りに入る。そして、新鮮な力を回復して起き上るであろう。

さらに次のような例がある。時おり、仕事にとりかかることに非常な困難を覚えるときでも、仕事を始めて三十分もすると、楽しんでしていることがよくあるものである。また、夕方に約束した友達と会うために出かけるのがおっくうになるときが、時たまあるが、ひとたび友との楽しい語らいの中に入ると、躊躇《ちゅうちょ》したことも忘れて、仲間の中にある自分を楽しむものである。

時々、あなたは「わたしは教会に行きたくない。どうも行く気になれない」と言う。その時こそ、強制的な信仰生活の習慣が役立つときである。宗教は気まぐれな欲望とは最も縁遠い領域である。義務として教会に行くべきである。そうすれば教会は祝福の扉を開くであろう。もし教会をあなたの生活から排除するならば、あなたはやがて永遠の違いを生じさせる一つの選択に誤ったことに気づくであろう。その結果、あなたは霊感に満たされて帰って来るかわりに、満たされない欲望を抱いて、さまよい帰らねばならないであろう。あなたが約束を守り、義務を果たし、友人と親しく会うように、自らを強いてあなたの神に会うことを奨《すす》める。

もし、祈るのがいやに思えるときは、あなたはいっそう祈るとよい。祈りを口先だけのお勤めなどと呼んではいけない。祈りは神が拒まれる空世辞《からせじ》なのではない。それは心からの意志とはいえないまでも、強制的意志に働く神の霊の働きなのである。神が喜ばれないのは、口先だけの、それ以上苦労して進歩しようとしない人の祈りである。食欲は食事によっても生じるように、祈りへの欲求も祈りによって生じてくるのである。われわれの心は祈りの中で唇にすべきことばを学習する。

魂の詳細《しょうさい》な要求を唇の上に整えるように自分に強いてごらんなさい。必要なのは神に告げることよりも、自分を深め、神の前に自分自身を告白することなのである。自分自身に対する親愛を深めるためには、神の親愛に応えることが必要である。神はわれわれのすべてを知っておられ、すべてを最善になしてくださるという事実、そして神が永遠にわれわれわれの父でいてくださるという事実は、常識家にとって祈る必要を認めない理由とされる。神がすでにご存じのことを何故《なにゆえ》に祈らねばならないのか。神が与えようとなさる以上のものを何故に要求する必要があるのかとかれらは問う。しかし、クリスチャンの信仰と霊的知性にとっては、まさに正反対なのである。神に求めるということは、神との協力の極致《きょくち》を示しているのである。イエスは自然神教的祈りの感覚とは正反対の祈りを厳密になされた。イエスはすべてをご存じの父性こそ真の祈りの根拠であるとされた。われわれは物乞いのようにではなく、幼な子のように求めるのである。嘆願は単なる物乞いや圧力をかけることと違って、神の子として父の愛に応える行為なのである。愛はすでに熟知していることでも語られることを喜ぶ。愛する者はすべてこの事実を知っている。心から与えようと考えているものを、愛する者から要求されることは嬉しいことである。そしてこの事実こそ、すべてをご存じの上で愛される神に対する祈りの根拠である。神は必要なもののすべてをご存じであるゆえに（マタイ六・八）、あなたはたとい短い、つたない祈りでも聞かれるのだということがうなずけるであろう。あなたの祈りは、御霊《みたま》のとりなしによって不純物が取り去られ、不適当なものは正され、なされるべき真の祈りとして神に捧げられるのである。それは聖霊による祈りである。われわれが自分の重荷を運ぶところは、キリストが全世界の重荷を運んだ父なる神のもと以外のどこにあるだろうか。われわれは心を探り知りたもう神の語ることによって、深くたちこめる重い考えから逃れるのである。「わが霊のわがうちに消えうせようとする時も、あなたはわが道を知られます」（詩篇一四二・三）。ゆえにパウロもまた、御霊が弱いわれわれを助け、どう祈ってよいかわからないわれわれの祈りを、神のみ旨にかなうようとりなしをしてくださると述べているのである（ローマ八・二六―二七）。神の憐《あわ》れみを確信する者は祈りへと促されてゆき、そこでは神についての単なる知識は崩れてゆくのである。子供にすべてを与えたゆえに、もはや何も求めないと考え、満足する父親はいないであろう。そのような親に対しては、感謝は生まれない。求めることを止めたとき、感謝もまた止まる。神への嘆願《たんがん》を殺す者は、神への賛美をも殺すのである。

あなたの寝室に入り、ドアを閉め、そして口にして祈る習慣を養うがよい。祈りを書きとめて祈り、その後に火で燃やせ。あなたの魂の求めを簡明に述べよ。ことばの形式に気をとめず、ただ霊的実在である神にのみ注意を払え。聖書を読み、祈りの姿勢に入り、聖句を書きとめ、あるいは口にして祈れ。あなたの祈りがつまらぬものでない限り、祈りは特殊で、具体的で、詳細であるべきことを学べ。いわゆる一般的な祈り、心のこもらない文字だけの祈り、堂々たる美辞麗句は、個人的祈りにとっても、魂の落し穴や誘惑となる。心の思いを言葉で明確に表現することは、祈りの形式化を避ける有効な方法なのであり、最善で、健全な自己吟味の方法なのである。神と語るとき、われわれは確実に自分自身を発見する。われわれは御霊《みたま》において、自分自身を「発見し」、自分自身に帰るのである。神の前で自分の特別な弱点や罪を直視せよ。あなたの誤ちを正直に神に告白するよう自分に強いるとよい。すべてがうまくゆかぬとき、まず祈りにおいてその原因を自分のうちに求め、それから最善の導きを神に求めよ。特別の欠点、罪、試錬、悲嘆からの救いの祈願を、一般的な恵みの祈願とすりちがえては実りなき行為に終わる。祈りは具体的、現実的になされるべきであり、実生活の体験からのものでなければならない。幻想に生きる聖徒としてではなく、現実的自己として祈れ。祈りがあなたのありのままの状態と密接な関係をもっているようにせよ。この意味において絶えず祈れ。あなたの生活と祈りの間に断絶《だんぜつ》がないように祈れ。あなたの祈りとあなたの生活全体とが真の関連があるように祈れ。この点に関しては、すぐ後でもう一度述べよう。

その前に次のことを述べたいと思う。祈りを実践する際に、いかにして祈りの応答が可能なのかという科学的、哲学的思索のとりこにならないようにせよということである。それは価値ある討議の主題であるが、われわれの祈りを左右するだけの資格はない。信仰は少なくとも科学と同じように、われわれの魂には本質的に重要なものであるが、信仰にはさらに独自の基盤があるからである。祈りは信仰の必然的基盤というよりも、行為となった信仰そのものなのである。

祈りへの批判は、祈りを体験することによって溶解《ようかい》してしまう。魂が神に肉迫、接近するとき、魂は反対するものを調和包容するほどに大きくなり、敵対し合うものをも調和させてしまう余裕をもつようになる。神はもとより、神の意志と神の国実現のために働いておられる。しかし、人間も神の国が常に到来しつつある間は、その到来のために祈る責任がある。キリストは神の国を地上に実現するために、不可欠の方法として祈りを強調なさった。そして神の国はわれわれの祈りなくしては到来《とうらい》しえないのである。なぜであろうか。それは神の国は祈り心に満たされた魂の組織にほかならないからである。神の自由についてもまた、同じことがいえる。神の自由は絶対である。しかし、絶対的に自由な神は人間の自由を考慮に入れてくださる。われわれの祈りが神の御手《みて》に強制を加えるのではない。人間の祈りは神の自由に応答するのである。絶対的に自由な神に対して、われわれは祈りにおいてのみ最も積極的に、自由に働きかけうるのである。「キリストのうち」にあるとき、われわれは神の自由にあずかる。

もしわたしが、どんな問題でも祈れと命じられるキリストと、ある種の回答は物理的にも理論的にも不可能であると語る学者と、そのどちらを選ぶかと迫《せま》られるならば、わたしはキリストを選ぶであろう。なぜなら、学者は自然とその働きに関して、多くのことを（キリストよりも多くのことを）知っているかもしれないが、キリストは自然の創造主なる神と、神の実在に関するすべてを知っておられるからである。キリストは自然において何が可能であるかを知っている誰よりも、神にとって何が可能であるかを熟知しておられた。この祈りという主題において、ただ神の方法を部分的にしか知らぬ者よりも、神の意志のすべてを知っておられるキリストの方がより偉大な権威をもっておられるのは当然である。祈りは知識に基づく行為ではなく、信仰に基づく行為である。祈りは打算《ださん》の問題ではなく、祈信頼の問題である――「われわれの信仰は人の知恵によらず、ただ神の力によるのである」。それはこの信仰の領域においては、われわれは科学によって調整されるのではなく、神の自己啓示によって統制《とうせい》されることを意味する。もし謙虚に祈る心があるならば、祈りの誤りに臆病になってはならない。もしキリストの啓示された神がまことの父であるならば、祈りの原理は――苦悩の一切を神にゆだねて祈ることである。失った飾りボタンや、ナイフ、洋傘の類が見つかりますようになどと祈る些細《ささい》なことは別として、新約聖書には祈りの内容に関する制限は全《まった》くない。制限があるとすれば、祈りの精神に関するものであり、祈りが湧き出る信仰内容が問題なのである。心の平安を破壊する苦悩の中にあなたが沈むとき、あなたの信仰が取る形式は嘆願――苦悩からの救いを求める嘆願にちがいない。そのとき、新約聖書のキリストにすがり続けよ。そしてキリストとの密接な接触において、あなたの望みをどんなことでも述べるとよい。キリストの名において願うことができることは何でも祈れ。すなわち、どんな願い事でもキリストの神の国に存在する者として、心から神の国のために生きる者として祈れ。すべてがキリストにおいて神の国の目的とその働きに調和するように祈れ。もし、あなたが神の国の住人であるなら、御国《みくに》のために積極的に、効果的に働き続けることができるよう、必要なこと、希望すること、日常の糧をはじめ、その他これに類する、あるいはそれ以外のことでも、何でも自由に祈れ。あなたの要求すべては神に知られているものとせよ。たとい願いが満たされなくとも、そのような信仰であるなら、心乱されることはないであろう。少なくとも、あなたが願いを神のみこころにゆだねきるならば、信仰はあなたにとって恩みであるばかりでなく、沈黙をもってさえ答えてくださる神への信頼をも意味するのである。ゆえに、もしあなたが願いは聞かれないといって、心に怒りや苦痛を抱いて帰るのなら、神への信頼は存在していないことになる。祈りは宗教的空想の遊戯《ゆうぎ》や日常の俗務《ぞくむ》ではないのであるから、それは具体的、実際的、緊急の状況に対する信仰の適用でなければならない。祈りは魔術によって行なわれるものでないこと、また激しい欲求が必ずしも熱心な効果ある祈りとはならないことを、記憶しておくべきである。あなたは自分の能力を開発するために努力しているかもしれない。しかし、あなたには真の神との真の接触が必要である。真に神を有する者が真に神を求める人である。

少し前に、わたしは不断の祈りとは、あなたの実生活あるいはあなたが生きてゆく生活状況全体と密着して祈ることであると述べた。祈りが信仰の問題であるということも、この点に立って考えられるべきである。もしあなたが生活の途上に起きるいろいろな出来事に出会った際に、神のもとにおもむかなければ、あなたと神との間には真実でないものが存在することになる。個人的危機、仕事あるいは家庭上の心配、他人には大して重要ではないが、自分には重要であるというわずらいに引き入れられていながら、それらの問題を神のもとにたずさえゆかないならば、それは次に述べる二つの場合のいずれかである。すなわち、第一の場合は、神のもとに存在するあなたは、実は本当のあなたではなくて、見せかけのあなたにすぎないということである――あなたは空しい成功を夢みながら神の前に演技しているにすぎないのである。あなたはありのままの自分としてではなく、実は他の人間として祈ろうと努めているのである。――自分よりも優れた人として、おそらく、教会と神の国の偉大な事業に心を捧げ尽くし、生活一般の心配にわずらわされない大使徒として祈ろうとしているのである。それはよそ行きの着物を着て行なう祈りである。神に対する理想の自分の祈りを想像して、自分とは違った人として、違った環境で祈ろうとしているのである。すなわち、神の前における自分の地位と状況を自分で造ろうとしているのである。第一の場合は、生活の危機の際にあなたを愛し、助け、救ってくださる神にあなたが祈っているのではなく、実は偉大な神の王国の勝利のためにあなたを人質《ひとじち》として利用する神に祈っているのである。あなたはキリストの神に祈っているのではない。あなたは神の国の大役者や壮麗な容姿だけで内容のない英雄や、人生の試錬を深く感じ取ることのない鉄面皮《てつめんぴ》な人々のみを相手とする神に祈っているのである。祈りの真実性は生活の真実と密接に結びついていなければならない。

祈りの大目的はキリストが父のもとに帰られたように、われわれも父なる神の家に帰り憩うことにあり、承諾《しょうだく》を得られない時でも、なお神の応答を勝ち得てゆくことにある。しかし信仰の祈りは、求めたことがすべて与えられると絶対的に確信することを意味しない。それは信仰とはいえない。信仰は一切の解答から離れた祈りの根とも貯水池ともいうべき、神に対する魂と自我の態度をいうのである。それは欠乏を懇願《こんがん》に変え、自分の必要を、神を必要とすることに変えてゆくのである。信仰はわれわれの祈りが認められるか否《いな》かに関係なく、神に聞かれ、貯《たくわ》えられることを確信させるものである。「神はわたしのすべての涙を神の革袋に入れておられる」。神はわれわれが捧げた過去の祈りをもやがて発酵《はっこう》させられるのである。神の国においてわれわれはいかなる美酒にあずかることだろうか。信仰は神が微笑をもって拒絶されることも確信する。すなわち、神は「然《しか》り」の心で「否《いな》」を言われるのであり、われわれの偉大なアーメンたるキリストにおいて、与えもし、拒みもなさるのである。そしてより良き祈りは救いの要求よりも、むしろ救い主との対面によってかき立てられるのである。

祈りの答えを期待する前に、祈りそのものが神の答えであるということが充分に記憶されていないようである。キリストの名において祈るという意味はそこにある。神はキリストと共にすでにすべてのものをわれわれに与えてくださった。このキリストによる神の賜物に応えることが祈りなのである。そして、それがまた、われわれが絶えず祈らねばならない理由である。なぜなら、キリストにおいて神は絶えずわれわれに語りかけておられるからである。自然的祈り、あるいは本能的祈りがあり、他方、超自然的祈りがある。超自然的祈りは本能的祈りではなく、信仰の祈りである。それは神のことばに応答するわれわれのことばである。それは欠乏の祈りというよりも充満の祈りであり、弱い祈りというよりも強い祈りである――その強さは「弱さに囲まれた強さ」である。単なる欠乏から生ずる祈りは、追憶《ついおく》的、推測的、不可知的力となるが、闇と不安定の中に投げこまれる。しかし、クリスチャンの祈りは、神の力と言葉への信頼に満たされているゆえに、また、欠乏は神の言葉にふれて真実の祈願となるゆえに、かれの必要だけを祈る（わたしは常に公的礼拝の順序について考えるのだが、聖書朗読のすぐ後には賛美歌を歌わずに祈りを捧げるべきだと思うのである。その理由として、クリスチャンの祈りは神のことばに対することばによる応答であることをあげたいからである）。われわれはキリストの名において、キリストのために祈る。キリストにおける神の賜物に答えるためである。祈りは神の御手《みて》が魂の弦《げん》に触《ふ》れるとき、打ちふるい、かなでだす魂の調べである。こうして、われわれは何をおいても、キリストの和解の十字架において、われわれのために祈られる神の祈りに答えるのである。神はキリストにおいてわれわれのためにとりなし祈ってくださる。重ねて強調したい。われわれがキリストにおいて神に捧げる祈りは、十字架のキリストにおいてわれわれのために祈ってくださる神の祈りに対する応答であることを。「祈りにおける最善のものは信仰である」とルターは語った。

さて、キリストの名における祈りの精神は、幼な子のような心である。ある宗派は信仰は神聖な幼な子の心に宿る従順にして可憐《かれん》な要素をもつことであると論じることを好む。しかし、われわれは預言者たちからは、必ずしもそのような心情をもって祈りに息づいた生活をしていたという印象を受けない。そして、従順、可憐という概念は神の子たちという新約聖書の意味ではないように思われる。神の子たちの概念にはもう少しおとならしい、成熟した趣《おもむ》きがある。すなわち、信仰による神の子たち、祈りによる信仰の力に立つ神の子たちという内容があるのである。幼な子のようであれというのは、泣きすがる幼な子のように無力で、弱々しく、無知で、柔和であれとか、これに類する性質であれという意味ではない。そうではなくて、信仰の偉大な行為であり、力である祈りの精神に生きよという意味である。信仰は単純な服従ではなく、全身全霊を捧げてゆく服従であり、単なる依存の感情ではなく、知性をもってすべてをゆだねてゆく行為なのであり、人を救い、守護《しゅご》し、永遠に祝福してくださる聖なる神を告白してゆくことなのである。

信仰をもつ人々の生活経験において、しばしば霊的素養《そよう》が不毛であるのはどうしたことであろうか。かれらは禁欲的であり、頑強《がんきょう》であるが、謙遜とはいえない。かれらは鋭い意識をもっているが洞察力をもちあわせない。しかし、世界を裁《さば》く者、すなわち、世界を測る神聖にして正しい尺度をもち、精妙にして静寂、しかも究極的力に達する者は、頑強な人間ではなくて聖徒なのである。プロテスタントのいかなる教派も謙遜という美徳あるいは理解を喪失しているように思われる。かれらにとって、謙遜はもはや内気あるいは、はにかみでしかない。弱者の謙遜であって、力に溢れた者の謙遜ではない。多くの有力で強い人々も、この精妙《せいみょう》にして霊的な知性を欠き、道徳的人間としての優れた資質にまで到達させる祈りの訓練を経験していないのである。いかなる拒絶《きょぜつ》、挫折《ざせつ》、恥辱《ちじょく》、悲哀の波が襲《おそ》っても、かれらは謙遜になることはない。かれらには霊的経歴がないからである。天使といえども、かれらの霊的生活の伝記を書くことはできない。かれらの魂の物語にはロマンスがないのである。六十歳に達してはいるが、霊的には二十六歳の場所にとどまっている。不運やいかなる種類の試錬に対しても、かれらは単純にはね返るだけである。かれらの信仰は単なる弾力であり、活発な生活をしているだけである。かれらはある時期の選挙に敗れても、次期の当選を確信する政治家のように、苦痛が去り、暗闇が消えると、自信をもって起き上るのである。かれらは最後まで不撓《ふとう》不屈、頑強な精神を失わないが、道徳的洞察力と霊的感受力においては、永遠の幼児であり、少年の域を脱していない。

それは、かれらが人格的信仰をもたないからである。すなわち、かれらは心を傾けて真剣に祈ったことがないのである。かれらの祈りに見られるのはせいぜい情熱だけであって、力や思いをこめて祈ることをしない。かれらはすべてをご存じである神に対して自分の魂とその状態すべてを「打ち明ける」ことをしない。かれらは自分の魂の扉を開いて、神の全能に基づく愛の配慮にあずかることを欲しない。かれらは祈りにおいて特に不完全であり、自分自身に忠実ではなく、自分の偽りない姿に背をむけているのである。かれらは自分自身を直視せず、自分に何が起こるかという外的なことに注意を向ける。かれらは心こめて祈ることがあっても、良心がこもらないのである。かれらは自分を憐《あわ》れみ、自分に対して寛容であるが、不幸がかれらを傷つけることを恐れる以上に自分を鞭《むち》打つことを恐れ、しりごみする。かれらは「神がすべてをご存じなら、自分を憐れまずにおられようか」という。しかし、かれらは「神はすべてをご存じである。ゆえに、私を赦してくださるだろうか」とは決していわない。かれらやその仲間にとっては、祈りとは許しを乞うことであるが、心から自分の罪を悔い改めることではない。われわれにはすぐれた洞察力をもつ祈りよりも、自分を厳しく糾弾《きゅうだん》する祈りの方が必要である。

神の前にわれわれが謙遜《けんそん》でない理由の一つは、われわれの祈りの中に、すべてを神の光の中にさらすことを恐れて、祈りを中止する一点があるからである。すなわち、われわれの魂の中には、神を伴って入れることを拒む部屋が一つ、二つあるのである。われわれは神を案内して人生の廊下を歩むとき、この部屋の前を急ぎ通り過ぎて、整然とした客間だけを見せるのである。われわれは祈りにおいて、排他的に、安楽、力、悦楽《えつらく》、同情、慈悲のみを求めて、本当の謙遜《けんそん》という麗《うるわ》しい力を求めようとはしない。われわれは美しい祈り、感動的な祈り、素朴な祈り、思慮深き祈り、涙にむせび震《ふる》える祈り、思いやりと威厳《いげん》のある祈りを欲する。しかし自己吟味の祈り、謙遜《けんそん》な祈り、単なる感情や趣味でない良心的祈り、ひたすらに実在に心注ぐ祈り、必要ならば不幸をも甘受して新しい喜びを勝ち得てゆく祈り――このような祈りは正当に歓迎され、また信仰者の心に広がっているであろうか。われわれの祈りには、同情はできても矯正《きょうせい》することのできない、憐れむべき治療不可能な自己満足がある。過去を楽観的に振り返り、こちらが激昂《げきこう》したくなるほどの微笑をたたえている快活な八十の老人のような自己満足が多すぎるのではないだろうか。

この偉大な、創造的祈り、――神との親しい対話は一種の芸術である。「神との対話は偉大なる芸術である」(Magna ars est conversari cum Deo)と、トマス・ア・ケンピスは語った。これを深く学ばねばならない。社会生活において、われわれの会話は単なるおしゃべりでないことを知っている。饒舌家《じょうぜつ》の集いは別として、会話の中にも一種の芸術が存在する。天界における会話はいかにすぐれた芸術的内容をもつことであろうか！　われわれは実践と愛によって結合した最善の社会を維持することによって、この祈りの芸術を学び続けなければならない。われわれは祈りにおける最も優れた師と多く交わるべきである。特に聖書と、また何よりも深くキリストと交わるべきである。そして、キリストの聖なる御霊《みたま》との交わりを深めようではないか。キリストは神の芸術と奥義《おくぎ》を人間に教示される最大の教師である。人間が真の神と交わることができる方法を教えた人間の教師は、キリストをおいてほかには誰も存在しない。

Ⅳ　牧師ととりなしの祈り

Ⅰ

牧師という仕事を職業とみなして他の職業と比較すれば、責任の重い、割《わり》に合わない仕事である。他の職業においては、経験は仕事を容易にし、熟達の意識を生み、満足と自信を与える。しかし、この職業においては、真剣に打ち込み、仕事に没入すればするほど、牧師は自分の不適任を痛感するばかりでなく、この仕事に価《あたい》しないのではないかという疑いに圧倒されて、失意の波間に沈むことが多いのである。もちろん、仕事の技術面においては、若干の熟達というものがある。多少なりとも自由に、適切に語れるようになり、テキストの取り扱いや教会の働きの指導、あるいは人々に対する応待《おうたい》その他の要領を会得《えとく》するようになる。牧師が扱わねばならないものが、テキストや人間だけであるなら何の問題があろう！　しかしわれわれ牧師が扱わねばならないのは福音であり、キリストを高くかかげねばならないのである。このキリストは生まれながらの人間の自信の終わりを意味し、人間の傲慢《ごうまん》を打ちのめし、粉砕する方なのである。しかも、われわれ自身が必ずしもキリストにおける新生と復活に生きていない場合がある。福音は、深い親しみをもって接するたびにわれわれを叱責《しっせき》する。神の聖なることを、日々に意識できないならば、われわれは福音と親しんでいるとはいえない。そして、この神の聖なることが、人間を罰しもし、また、救いもするということを認識するには、長い年月を要するのである。十字架についての洞察力が新たにされると、十字架に臨んでいる神の愛とその厳粛な聖《きよ》さに宿る深い意味が、とりわけ明らかにされる。そして、神の聖《きよ》さを鮮やかに知ると、この汚れた唇に神の御名《みな》を口にすることすらできなくなる。悔い改めがさらに悔い改めを必要とし、祈りそのものがさらに神の赦しを必要とするならば、自分の説教が成功であったと考えて、一人誇り、喜ぶことがどうしてできようか。したがって、説教のあとに、会衆が今までになく優れた、感銘深い説教であったとほめてくれた後でも、神の前に退き（退位して残りの生涯を修道院に送る皇帝のように）謙遜に頭を垂れて——然《しか》り、きょうの説教は上出来であったと思うときでさえも——つたない使信《メッセージ》しか語れなかった赦しを乞い、最もふさわしからぬ僕《しもべ》であることを告白する説教者があったとしても、驚くにはおよばない。われわれは福音を把握すればするほど、自らを恥じるようになるからである。

さらに人間の魂に対する福音の重大な意味を知るにつれて、われわれはこの福音が人に語られるそのつどに、ある者には裁《さば》きを、ある者には救いを加えていくことを痛感する。自由に人が取捨選択できるものを提供し、道徳的結果を伴わないゆえに、安易《あんい》に同意もし、反対もできることを語る人とは、われわれは異なるのである。真の説教者は、信者が自分を信じてくれるからといって、決して満足しない。もし満足するならば、それはうぬぼれである。真の説教者は信者が自分と共に信じることを欲するのである。福音を究《きわ》め、確信を深めてゆくにつれて、われわれの仕事は、福音が恵みとはならぬ人々にとって裁《さば》きとなってゆくことを知る。この事実は救い主なるキリストご自身の魂をも圧迫し、その苦悩を深め、さらに暗くしたのであった。ご自身が愛してやまない民の救いとなることを知っておられたキリストは、その愛ゆえにかれらの刑罰の死を負われたのであった！　どんなに眠たくても牧師はキリストと共に目を覚まし、キリストと共に苦しむ者である。今や愛する人々の生と死が、われわれに委託《いたく》されているのである。なぜなら、われわれの存在が生命の糧《かて》とはならないような人々に対して、自分をではなく、キリストの真の救いを真剣に説教すればするほど、それに比例して、われわれ自身の存在はかれらにとっての死となってゆくからである。

牧師の地位は何と厳粛《げんしゅく》なものであろうか！　その地位は一種の礼典《れいてん》的な地位である。牧師は自分の状況を述べる必要はなく、キリストを伝えねばならない。しかも、魂の究極的運命を左右するキリストを効果的に伝えねばならないのである。時々しくじることがあっても、神の御手《みて》において、神の恵みを媒介《ばいかい》として分配する礼典的要素をもっているのである。もちろん、ローマに存在するような聖職組織が教会の礼典であるとは信じていない。しかし、カトリックの教義の根底にある見解、すなわち、人間や事業、そして才能が福音に対して礼典的性質をもちうるという見解は認めざるをえない。牧師は救い主ではない。救い主は唯《ただ》一人である。牧師はただ救い主の恵みを媒介する礼典的存在なのである。われわれは教会の聖職制度を信じない。しかし、牧師は神と人との間に立って、信者の誰もがなしえない使命を果たしているのであり、犠牲的行為において、職業的聖職よりもはるかに道徳的に、内面的に生き、重荷を負い苦しむことによって、人々にキリストをもたらし、人々をキリストに導いているのである。牧師は世界の全教会の祭司的機能の先頭に立って、キリストにおいて、人々が聖なる告白をし、世界に対する犠牲的奉仕をするように導くのである。

われわれは牧師の尊厳《そんげん》を深く思うべきである。きわめて気易く、霊的でない親しさに陥りやすい軽薄な兄弟意識に対しては、抗議しなければならない。しかし、牧師の尊厳よりもさらに重大なのは、牧師に召されたという厳粛《げんしゅく》な意識である。召命《しょうめい》なくしてどうして牧師の地位にとどまりえようか。われわれは永遠に燃え続ける神の愛に生きねばならない。焼き尽くす火に仕えねばならない。生命のあらゆる悲劇が凝縮《ぎょうしゅく》するところ、すなわち、永遠の勝利であるキリストの十字架の危機、そこにわれわれは生命を養わねばならない。われわれは火ではない。しかし、火が燃えている場所に生きているのである。神学的思索において扱われるこの問題は、適当な顔覆《かおおお》いなくして扱うことはできない。それは危険な仕事の一つである。燃え尽くす神の火は、たえず、われわれを照らし、内なる自我を探り、いかなる部分も赦されず、養われず、深められずに残ることのないように光を当てる。その火を小手先《こてさき》で扱い、吟味することはできない。それはわれわれの内に入り込むからである。それは魂に対する批判を永続的に呼び起こし、たえずわれわれを自己批判の上に置く。批判し、裁くものは、いつも戸口に立っているのである。自分が罪人であることを認める者は、他人を裁くことをやめる。そして、真の使徒も自分の罪を認める心なしには、決して他人をとがめることはなかったのである。

しかし、われわれの受ける刑罰は、結局は祝福なのである。「審判者」はわれわれの側においでになり、われわれを無理やりに服従させたとしても、なお信仰、希望、そして祈りを与えてくださる。自己満足を厳しくとがめる神は、信仰を引き出す神である。祈るにはあまりにも疲れ、また懐疑的になったときでさえも、われわれは賛美し、神をあがめることができる。罪の重さに苦悩し、懺悔《ざんげ》告白がいやになるときでも、信仰の方法において罪深い自分を忘れ、救い主を告白することができる。賛美の歌を唇にすることができないときでも、信条を口にすることができる。神はわれわれに和解をお与えになる。聖なる十字架に裁きを見れば見るほど、それが救いのための裁きであることを知る。われわれが謙遜になるほど、自分の「魂を転がしてキリストへと接近してゆく」のである。われわれは繰り返し繰り返し自分の魂をキリストにゆだね、守られることによってのみ、真の自己を取りもどすことができる。そして、自己に対する絶望において、なおも確信を獲得するのである。祈りはわれわれに翼を与えて高く舞い昇らしめ、大いなる真白《ま》き玉座に近づくや、その翼は顔を覆《おお》う盾となる。祈りにおいて聖なるものは愛となり、愛は聖なるものとして確立される。思索の一歩一歩は祈りと変えられ、祈りは新しい思想の領域を開拓する。神の偉大な啓示は、贖罪《しょくざい》の愛において不断に働く神の聖性である。

キリスト教の啓示は、「神は愛なり」というよりも、むしろ「愛は神なり」というべき内容にある。すなわち、それは単なる神の愛ではなく、神の愛の無限の力、その究極《きゅうきょく》性、全能性、絶対性を示しているのである。神の愛は感情的な、無力な愛ではなく、背反《はいはん》するものすべてを服従させてゆく力をもっているのである。そして、それこそ永遠性をその内に宿す聖なる愛である。聖なる愛において、われわれは決定的な和解にあずかる。そのとき、まさに神の怒りは人間の栄光となる。天空を赤く染めるキリストの血は、人間への新しい曙《あけぼの》の光となる。自己譴責《けんせき》の心は新しい音階の賛美となり、重苦しい心は再び軽やかにはずみ、圧迫されていた良心はまじめな、道徳的力となる。同胞に対する新しい愛が誕生し、柔和な忍耐力はしのびやかに心に宿る。われわれは新しい道を発見して人を助け、奉仕し、救い、新世界に前進してゆく。キリストの十字架においてばかりでなく、復活において主と共に存在する者となる。復活の力と静寂、その厳《おごそ》かな究極の平和を思え。それは永遠なるものが永遠に達成されたという無限の喜びであり、キリストが死より甦《よみがえ》り現れた時に、すなわち、人間の最悪の罪が贖《あがな》われ、神の最善の愛が永遠に勝利した時に、キリストの心を満たしたものであった。今やわれわれは復活の主の生命にあずかることができるのであり、苦悩においてキリストの死のさまにひとしくなり、主と共に生きる生活においてキリストの復活のさまに似てゆくのである。説教者の魂を十字架につける永遠の御霊《みたま》は、同時に魂を死から甦《よみがえ》らしめる。御霊によって誤ちと怠《おこた》りの罪を克服し、全世界の罪に対して死んで、もはや魂は罪のなすがままにならない。われわれは御霊のうちに存在し、この世に対する勝利と勇気と快活さを獲得し、人に説き、教え、祈り、癒すことができるようになるのである。汚れた唇でさえも、同情心に富む人の心に感動を与え、賛美する心に歓《かん》喜《き》の情を吹き込むのである。

もしそうでないなら、牧師は危険な仕事の中で気力を挫《くじ》かれ、聖なるものとのあまりに多くの接触によって死んでしまうことであろう。

牧師の捧げる最も聖い祈りは、口に整えることも困難なものである。会衆の中でその祈りを理解する者は少ないであろう。ある者は無礼にも、そのような祈りを神学的祈りと名づけて片づける。人の理解を超えた深みにおいて牧師が神に呼ばわるとき、かれらは「あれはエリヤを呼んでいるのだ」（マタイ二七・四七）と勝手に解釈する。かれらにとって神学とは多くの場合、神話にすぎないのである。

われわれは今日、古い神学を再建し、古い福音を新鮮に語るために召されている。体験的なキリスト教の真理をしっかりと把握し、自分の血肉としなければならない。しかし、キリスト教の真理を体験する力が衰え、福音に生きる経験が虚弱《きょじゃく》になり、混乱している今日、この召命に厳しく応えていくことは何と困難なことか！　福音的経験を教会のために回復し、信仰への関心を引き起こすことが牧師の務めである。神学的に不完全であること、特に神学への敵対は、信仰の根本的な欠陥を意味する。信仰を改革するためには、信仰を復興させなければならない。信仰復興の重要な原動力は祈りである。ルターやその同志においてもそうであった。その祈りは心のこもらない祈りではなく、良心の格闘の祈りであり、単なる心の叫びではなく、和解と贖罪《しょくざい》を求める祈りであり、安易な導きと慰めと愛を求める祈りではなく、深い信仰の祈りであった。

わたしは友人の家で、デューラーの作品と思われるが、手のひらをしっかりと組み合わせて祈りを捧げる両手を描いた絵を見たことがある。その絵は見る人の心を動かし、心を和らげるものであった。できることなら、その絵をこの頁に印刷して次のミルトンの言葉を添えたいと思った。

強力な両手の機関《エンジン》は「われら」の戸口にあり。(『リシダス』より引用)

Ⅱ

公《おおやけ》の祈りは概して牧師が最も困難を覚えるものである。この困難の救済策として、わたしは祈りを書き加えた説教ノートの使用を主張してきた。「主の祈り」は公の祈りにふさわしいが、祈りの指針、主題、あるいは運河の浮標というべきものである。どのような救済策を講じても危険はなお多くある。真実の祈りを努力しても、ことばのいいまわしになれなれしさがつきまとう。一人の青年が「神よ、あなたとくつろぎ雑談するためにやってきました」と祈祷会で祈りはじめたのを覚えている。恐ろしいことであった。これが現代青年の祈りの一例である！　祈りは、特に公の祈りは「神との雑談」であってはならない。

そのほかに感傷的な祈りがある。ジョージ・ドクソンの書物にはこの欠陥がある。教会の祈りは人間の感情をさらけ出すものであってはならない。神の恵みによって人々が集う教会の祈りは、神に立ち返る救われた魂、救い主のもとに来る罪人、主に贖《あがな》われてシオンに帰る捕らわれ人、聖別者なる神に潔められた聖徒の祈りである。それは父に語る子供の初歩的な語りかけではない。――それは個人的祈りに共通して見られる調子であるが。人間は、飼い主に呼びもどされた迷った羊以上の者である。すなわち、罪悪に固執《こしつ》して反抗し、キリストを十字架につけた罪人である。

しかし、公の祈りが困難である原因は、祈りの形式という問題よりもさらに深いところにある。それは個人の日々の祈りが霊的に貧困であり、惰性《だせい》に流れ、貧血状態に陥っていることが原因である。心の奥深く、見えないところに住みついている信仰の勇気の欠如、完全な霊的無気力という困難な病気を一体どのような教養が処置できるのであろうか。祈りに対する備えは、ただ祈るほかにはない。教会の祈りは密室で学ばれなければならない。祈りの実践こそ必要な教養である。祈りの教師は祈りである。牧師はまず人々の名を覚えながら、自分と人々のためにとりなし祈ることなしに、神の名において人の前で語るべきではない。

とりなしの祈り！　牧師は祭司的務めを果たす際に、教会員からかけ離れないように特に注意しなければならない。とはいえ、牧師の個人的なひそかな祈りは平信徒の祈りと全く同じ立場でなされるのであろうか。これはとりなしの祈りと代理あるいは身代りの祈りとの差違に関係してくる問題である。牧師の個人的祈りにとりなしの要素がない時でも、他人の身になって祈る要素はある。とりなしの祈りの霊的価値は絶大である。牧師の捧げるとりなしの祈りは、人の心を毒し衰弱させる、不平の多い批判的精神に対する最善の矯《きょう》正《せい》力として働く。祈りによって与えられる心の和解と平和は、人の心にとりなしの力、特に敵対者へのとりなしの泉を湧き出させる。もちろん、それは個人的でなければならない。牧師は信徒の祈りを指導したり、そのためにとりなしの祈りを捧げない時でも、かれらの幸福のために祈る。牧師は全人格をもって教会の仕事に当たる。牧師が捧げる祈りは、意識しない時でも信者を代表する祈りとなっている。自分のためにのみ信じ、生きるクリスチャンはいない。クリスチャンが個人的祈りにおいて、自分のためにのみ祈ることがないとすれば、牧師はなおさらのことである。牧師の祈りは信者に大きな影響をおよぼす。信者は、否《いな》、牧師でさえも、幸、不幸の根源的基盤を意識しないかもしれないが、それは個人の祈りにかかっているのである。祈りは、たといとりなしでなくても、代表的である。

牧師は全人格をもって教会の仕事に当たると述べた。われわれに人格性を与えるものは、真の祈りのほかにはない。祈りは人を独創的にする。生きた信仰は、平凡で単調な生活を脱却させる。人はすべて死において独自的である。「わたしは、ただ一人で死ぬ」(Je mourrai seul)。しかし、キリストの死に参与することによって、人はさらに独自性と真の自己を獲得する。真の独自性を獲得するためには、神と一つ、密接に一つであらねばならない。真に創造的であるためには、創造主と共に学ばねばならない。歴史上最大の感化を与えた人物は、「生きているのは、もはや、わたしではない。キリストが、わたしのうちに生きておられるのである」〔ガラテヤ二・二〇〕と述べたパウロである。多くの敬虔な信仰が退屈なものとなり、驚くほど鈍感になっている事実を反省しなければならない。真の行為となっている祈りは最良の人格を鍛錬する場である。それは人を独自性の源としての創造主、特に新しい創造の源としての贖罪《しょくざい》主なる神との、真接的かつ効果的な結合をもたらす。牧師にとって人格は非常に重要である。普通よくいわれる温和な人格でなくて、祈りによって形成された人格である。人格の源泉こそ祈りである。時おり、「農夫の聖徒」のうちに、祈りによって形成された印象深い人格が見うけられる。明らかに人格を欠いた人も少なくない。それは低俗な祈りによるのであり、ことばや態度が立派に見えても、その根源には低俗な祈りがあるのである。祈りの低俗性は、祈りの美しい形式への違反というよりも、霊的習慣と霊的体験の欠如《けつじょ》によるのである。もし修辞的神学が説教における真実の神学を破壊するとするならば、祈りにおいてはなおさらである。

　祈りの信仰生活に対する関係は、独創的研究の科学に対する関係と同じである。祈りによって人は実在――巨大な自然の創造主なる神――と直接に接触し、結合する。それゆえに、聖書は独創的に使用されねばならない。聖書は事実、祈りと力と行動の最も豊富な源泉である。聖書の祈りを学び、単なる美辞麗句の綴《つづ》り合わせの祈りを回避するならば、宇宙的福音の中に生きる人間味あふれた祈りを開拓することが可能であろう。聖書研究に基づいた祈りを養い、神学的な祈りを怖れないようにすべきである。真のクリスチャンの祈りには神学がなければならない。神学は祈りの中でのみ可能とならねばならない。チャールズ五世は改革者たちに、「あなたがたの神学はあまりにも難解《なんかい》すぎる。多くの祈りなくしては理解できない」と述べたという。然《しか》り、これが苦難の多いピューリタンの方法なのである。祈りと神学は相互に作用し合って、偉大さと広大さと能力を保つことができる。祈りの習慣を形成できないのは、神学に対する軽薄な嫌悪《けんお》に由来している場合が多い。われわれの周囲には、祈りの偉大な力を軽視させようと謀《はか》る諸力が働いている。まじめな牧師は、信者の罪や不親切な心より遥《はる》かに、彼らの小心に苦悩する。軽薄な社会は、敵対者の攻撃や邪悪に対してただちに反撃できる人の魂をも殺してゆく。今日の新聞はこの社会の働きを助長させている。これに対抗するためには、祈りに依り頼み敬虔《けいけん》を開拓するだけでは不十分である。不幸なことに宗教界には、祈りと敬虔な信仰だけでは、興味の低級さ、魂の浅薄性、霊的軽薄、不誠実、判断の愚かさ、あるいは頑迷《がんめい》から人々を救えないことを示す多くの徴候《ちょうこう》がある。これを治療するためには、単なる祈りだけでは不十分である。福音全体の眺望と判断の下で、内省的に深められた信仰による祈りがなければならない。それは思索に裏づけられた祈り――宗教性を傷つける社会一般の子供じみた嘆願を超越した祈り、神の国の中心的出来事から生まれる祈り、また、信仰の書として深遠な内容をもつ聖書に立脚《りっきゃく》した祈り、祈りの力が大半を占める信仰の行為としての神学に基づいた祈りが必要である。聖書の情熱によって発奮《はっぷん》した心、聖書のような広がりをもつ心、その心に湧き出る祈りが必要である。

しかしながら、その祈りは広さと同時に集中力のある祈りでなければならない。思索のみならず意志をも含む祈りでなければならない。キリストに服従することを欲しない人々が多い理由は、キリストがこの世の人々に、隠退《いんたい》や諦めを要求することなく、集中を要求なさるからである。牧師は特殊な形での集中の必要を感じている。わたしは普通一般の生活の労苦に心を集中することを述べているのではなく、牧師の職務と配慮から特に生じてくる問題への集中を述べているのである。多くの信者は偶発的感動のおりに祈りを捧げ、それで満足しているが、牧師はそれでは職務をまっとうすることはできない。牧師はもちろん、個人的祈りにおいて思索し、信仰的思索において祈らねばならないが、それ以上に祈りにおいて行動しなければならないのである。祈りは心の骨組みにとどまるのではなく、心の偉大な力になるのである。牧師は自分の職務をキリストの事業の積極的な一機能として考え、自分の信仰を、御国《みくに》におけるキリストの力を覆《おお》う神のとりなしの祈りに連結させねばならない。この場合も他の場合と同様に、教会の真の牧師は自分ではなくてキリストであり、自分はキリストの副牧師にすぎないことを自覚して、それを自らの喜びとしなければならない。最終的責任を負うのは牧師ではなくてキリストである。キリストは世界の、特に教会の罪悪と腐敗《ふはい》の全責任を負おうとなさる方である。

　さらに、祈りの集中は、福音と聖書の積極性に応えることである。祈りは個人的要求、試錬、欲望から生まれる以上に、神の言《ことば》と神の国に対する関心から生まれるべきものである。神の国におけるキリストの地位から祈り、また、キリストの名において、あるいはキリストのために祈るのは、そういう意味を含んでいるのである。われわれの祈りの書である聖書は、祈りを命令しないが祈りを鼓舞《こぶ》する。そして、キリストの名による祈りは、キリストの第一の関心事であった福音に感動して生じてくるのである。キリストの名を単なる自己中心的な嘆願の終わりを結ぶ記号として使用してはならない。祈りを創造し、鼓舞し、栄光を神に帰する御名《みな》と考えよ。キリストの名によって捧げられる祈りは、キリストの目的のための祈り――神の国と聖霊の授与《じゅよ》の約束を信頼して期待する祈りである。

　心から約束の聖霊を祈り求めても、なお与えられたと感じない時がある。しかし、その時はすでに与えられていると考えよ。人はある特別な形の聖霊を期待しがちである。そして、御霊《みたま》の実と御霊ご自身とを混同しやすい。実はあとに結ぶものである。それはしるしとは異なる。木の芽はしるしである。しかし、それだけで結実まで見透すことは困難である。神の恵みがわれわれを恵みの下に守護するように、御霊は御霊による祈りを導き続けてくださる。最初の回心者が生まれるまでに、御霊において十五年間祈り、待ち続けた宣教師の忍耐を思うべきである。求めない者にも独り子を与えたもう神は、求める者に御霊を授けてくださらないことがあろうか！　しかし、聖霊の来臨する形式について規定することはここでは控えたい。

霊的に満たされて絶語《ぜつご》する時が祈りの真の終わりの時である。それが本当のアーメンである。そのようなことは時おりあるものである。その時われわれは神への完全な明け渡しの中で、「天が開かれ、聖なる天使たちと偉大な神ご自身を見た」(註)かのように感じる。真の祈りは自然に終わるのであって、われわれが終わらせるのではない。祈りにおいても魂は天に昇り、すべてを委《ゆだ》ねきって「すべてが終わった」という時が、祈りの終わりである。真の祈りは回答の有無にかかわらず、完成と祝福、霊的終結と結実をもたらすものである。

(註)　ヘンデルの「メサイヤ」における終わりのことばである。

V　時にかなった祈り

未だ祈らざりし者をして今や祈らしめ、かつて祈りし者をして更に祈らしめよ。

キリストの父なる神のみそばに近づけば近づくほど、われわれは逆説《パラドックス》に直面せざるをえないということを、一度ならず述べてきたところであるが、わたしがまず述べておきたいことは、神の偉大さ（magnalia Dei）は、天才が柔らかに、しかも確実に触れる生命の偉大な素朴さにあるのではなく、生命の悲劇的衝突が「鎮められて、平穏《へいおん》に、幸福に」されるる神の偉大な和解の中にあるということである。神による和解は、平和の逆説（十字架における恩寵《おんちょう》と自然の逆説）であり、祈りの世界を、異国的、理解困難な土地柄から、明白自明の生命解釈者の世界とする。祈りの生活という習慣的交わりにおいて、聖なる神と罪深き者とが共存するということは、まことに奇跡的な現実である。そしてまた、個人であれ、社会であれ、活動的精神に対してもつ巨大な祈りの力が、祈りにおける魂のはにかみと無関心とも結びつくことは、もう一つの逆説である。

ここに祈りにおける真の平衡《へいこう》と調和が失われる傾向が生じる。すべてが順調にいっているとき、われわれは霊的なことにたずさわることに全く無関心になり、魂の霊的力と祝福を失ってしまう傾向がある。その結果、祈りは個人的なもの、生活とは疎遠《そえん》なもの、弱々しいものになりやすい（それはちょうど、あまりにもなれなれしい祈りが真実には価値がなく、霊的な人々にとって愚かなものであるのと同じであり、時々、祈りに対する解答すらもつまらぬことと結びつけてしまうものである）。生活における最大の力である祈りに対して、ただはにかむだけで他になす術《すべ》を知らないということは、正しいことでも、健康なことでもない。もしわれわれが最大の力を感得《かんとく》し、自分の内にその真の力を所有するならば、それをはにかみながら内に保有し続けることはできなくなる。ある教会ははにかみゆえに即席の祈りによって患《わずら》っている。しかし、その即席の祈りすら排除してしまう教会は更にひどく患うのである。密室で一人神と交わる祈りは、少なくとも献身を促すものであるが、その本性からして即席的かつ「その時だけの」ものに違いない。しかし、即席の祈りの危険は準備されていない祈りと混同されることにある。祈りに対する最大の準備とは祈ることである。祈りの指導者は祈りの人であること、その祈りが礼拝儀式にふさわしくない贅沢品《ぜいたく》でないこと、公的礼拝に適しない個人主義的信仰の持ち主でないことが必要である。祈りにおける繊細さや儀礼が公的、私的生活を支配する力や、神と共なる普遍的力を犠牲にしてまでも重んじられるならば、それはあまりにも高価すぎると言えよう。

われわれが祈りという強力な二気筒エンジンを隠しもせずに前面に押しやることを余儀なくされるのも、恐ろしい不幸な大戦（註・第一次大戦）のもつ効果の一つである。どちらかと言えば温和な英国民が過去数世紀において、今日ほど多くの個人的祈りを捧げ、また祈りができないと当惑する人々の少ない時代は稀《まれ》であろう。塹壕《ざんごう》の中にもユーモアあふれる会話がなされると聞く。しかも報告によれば、少なくとも同じ程度の祈りが目撃されると言う。その祈りは国内、国外いずれを問わず、恐怖の祈りではなく、真剣な祈りであり、新鮮な道徳的向上による祈りであり、あるいは深化された、平常の生活の明るさの中に隠されていた実在者に対する新しい意識に基づく祈りなのである。最愛の者を高貴《こうき》な戦いに送るとき、あるいは送り出す者の心情を思いやるとき、また、かれらを名誉ある死に失うとき、人は祈らずにおられようか。戦争の間接的影響を心に、あるいは財産にこうむって、言いようのない不安に投げ出されている人々に心を動かすとき、人は祈らずにおられようか。その時祈ることができなければ全《まった》く絶望である。浅はかで楽観的な信条に浸っていた者が、神の御手《みて》と力を目《ま》のあたりに見て、神の裁きがあることを思い出したときに、どうして祈らずにおられよう。航空機のはるか上空に、人は裁きの天使の羽ばたきを聞く。その羽風《はかぜ》がかれの顔を打つとき、どうして祈らずにおられよう。人はかつて稀《まれ》にしかなさなかった祈りについての議論を今や互いに行なう。そしてそれは単なる自分の神学的満足のためではなく、実際的事柄の解決のために行なう。急激に複雑さを増した現代の世相に生きるわれわれは、正義は一方の側にあると確信できないときでも、また、敵国が偉大な国家であり、キリスト教も世界文化も、宗教改革や啓蒙《けいもう》において、表現できぬほどの恩義をその国〔ドイツ〕から受けていることがわかっているときでも、もし勝利のために祈るとしたら、われわれは隣国への審判を願わざるを得ないのだろうか。キリスト教信仰や祈りが超国家的なものであり、それゆえに国際的なものであるならば、祈りが国家的抗争や守護神の利益のために利用されてしまってよいのであろうか。

確かに戦争の経過が、この問いに対する解答を初めより更に容易にしてくれている。この戦争を通して、ドイツが大きな道徳的盲目性に陥っていることを信じさせるに至った。すなわち、キリスト教の神であることをやめて、セム族の神に過ぎなくなってしまったのである。〔ドイツは〕計り知れなく偉大なものに対する感覚を失ってしまった。国家という偶像が教会の良心を縛り付けてしまい、王たちに勇気をもって立ち向かい、首さえもはねられもした神の国の証言を黙らせてしまったのである。正義の理想が教会と人類の手から奪われ、神の国の理解がゆがめられ、国家主義あるいは民族の祭儀、権力と強欲、恐怖と無慈悲への崇拝、道徳的なことへの国家的冷笑主義の成長、自己追及的憎しみの文化に覆われてしまったゆえに、怒りを発することを抑えておられた神は、必ず審判を下すであろう。ドイツ国民はみずからの精神に対して罪を犯しているのであり、神の国を放棄している。そのことが、われわれを勝利への祈りに向かわせる。われわれは神の国の実現をめざす価値ある側に立って祈らなければならない。また同時に罪を告白しなければならないのである。

もし人々が戦争の結果により、人生、性格、歴史に対する祈りの力を、より確実に知り、より広く用い、より率直な告白に進み、強められるならば、戦争の不幸は補《おぎな》われてあまりあるであろう。現代の状況に対するさまざまの歴史的、倫理的、政治的論議がなされている。その多くは適切であり、深い内容をもったものである。この大戦後の状況に関する多くの推量《すいりょう》が内外で行なわれているが、大戦の最大の収穫は何かと言えば、表面は優雅であるが内は虚偽に満ちた虚弱な宗教に対する不信であり、非宗教的わるがしこさと軽率のたどる結末の認識であり、新しいまじめな道徳と新しい霊的現実主義の興隆《こうりゅう》である。多くの人々は文明の破滅と思われる大戦において、教会に対して新しい頼りになるものを求め、特に異教的文化の中で力強く残存し、嵐の波を乗り越えてゆく歴史的、倫理的、積極的な教会を求めるようになった。しかし、このような教会に対する期待も、実践によってつなぎとめられないならば、消えてしまうであろう。そして、この期待に応える実践こそ祈り――真の行為としての祈りなのである。栄える宗教は、優美であるが狭量《きょうりょう》でもあり感傷的であって、けばけばしいだけである。父祖たちの信条は、信仰とは何にもまして行動であり、真の礼拝はついには悲しみを伴う真の祈りという崇高な労働にまで至るという信条であるが、われわれはその信条を汚しやすい。祈りにおいて人間は自分の最も高い場所に立ち、祈りにおいて個人あるいは国民は隣人に対して最大のことをなすことができるのである。しかし、もしある国家が正義のための戦争を遂行しなければならないときは、国家の生命を賭《か》ける最大の行為に乗り出すのであるから、特に神の国に仕える僕《しもべ》としての存在は、まさに祈りにかかっていると言える。戦争という事態は、協力的精神の広大な範囲における持続的行為なのであるから、小さな数々の行為を統合して祈りへと向かわしめる。祈りにおいて、戦争も神に献げることができる。神の国は、歴史を通して胎動《たいどう》し、信仰と苦役《くえき》、危険と犠牲、悲嘆《ひたん》と栄光を伴って実現されてゆく世界的な活動の展開である。祈り（特に公的、協同的祈り）のような重大で厳粛《げんしゅく》な道徳的行為を、戦争行為と引き離して考え、また両者を永遠者なる神の行動、審判、目的と分離して考えることは不可能である。われわれは再び逆説に直面する。われわれが決断の谷に深く下りようとすればするほど、（もし、われわれが自己の魂を把握し、支配しようとするならば）祈りの山により高く登らねばならないのである。われわれは神と共に勝利することに専心している人々を支援しなければならない。もし、われわれが勝利するならば、損失や疲労の中にあって、新しい力を意識するであろう。しかし、最も必要とするものは、祈りの力を発揮させる力であり、勝利とそれに続く心の傲慢《ごうまん》と精神の貧弱化《ひんじゃくか》に伴う危機的な成行《なりゆ》きからわれわれを守る力である。そしてもし勝利できない場合は、いっそうの祈りを必要とするであろう。いずれの場合にせよ、われわれの歴史における過去のいずれの時代よりも、現在はわれわれを非常に冷静にさせるものがある。

しかし、冷静になることだけがすべてでも、十分でもない。キリスト教的国民として、われわれはその冷静さを神に献げ、聖化していただき、自然的人間が安易に平和を育てることができると考える浅はかさに対して、新しい道徳的思慮深さを打ち建てるべきである。そのような目的を達成するには、祈りをおいてほかにはありえない。その祈りはまじめな、思慮深い個人的な祈りであれ、少数の厳粛な、同じ精神をもつ理解し合ったグループの祈りであれ、教会で育てられ、聖書に養われるのであり、歴史的意味を持つのである。ところで、公の祈りが儀式的な形式から離れるならば、機会が広げられ、会衆が増せば増すほど、公の祈りとしての正しい環境と指導性を確保することは困難になるように思われる。会衆の前での祈りの容易さが、神との真の親密さや深い交わりを凌駕《りょうが》することがあるし、また、神の前に自由に湧き出て豊かに流れ出る祈りが、人の前では麻痺《まひ》してしまう場合もある。それゆえに、公の祈りは、クリスチャンの生活において強力な要素をしめている個人的な嘆願を必ずしも反映していない。公の祈りは、たえず天に開かれている扉《とびら》というわけでもなく、威光《いこう》ある軌道《きどう》上を進む歴史に働く力や、永遠なるものとの交わりに関する洞察をつねに表現するとも限らない。公の祈りはまた、個人的な祈りがすでに日常の仕事となり、クリスチャン生活の世俗的な分野にまであふれほとばしるほど聖なる心に満たされた最善の祈りを、必ずしも正しく表現することができないのである。

牧師は兵籍に入るべきかと問う人がいる。しかし、真実の、具体的な祈りに生きるということは、戦闘のただ中に生きることなのである。それと同じく、政治家といえども、変化しつつある諸力の全範囲を見通さねばならないゆえに、祈りに従事するのである。クリスチャンの兵士も必要であるが、兵士のようなクリスチャンも必要である。祈りが思想と意志と戦いの問題と深い関係をもっていた時が過ぎてすでに久しい。その結果、宗教は無用のものとなり、キリスト教国家ですら、祈りについて語ることは、単なる日常儀礼のことば以上を出なくなり、祈りはもはや力とはならない。これは人生と歴史の出来事に重大な意味をもつ神と共なる力、公私の祈りについての教会内外の一般的な懐疑主義の現れによる。しかし、祈りは重大な意味と力を発揮するものである。他の条件が同一であるならば、自発的に志願し、信念をもつ軍人の方が徴兵された軍人よりも価値がある。道徳的に正しいということは、われわれが直面し、出会わねばならない世界の出来事に対して、自発的に創造的な力をおよぼすことであり、熟達した祈りにおいて、われわれは聖にして正義なる神と事実上、最も正しい関係になるのである。それゆえに、もしわれわれが世界の事物の避けがたい運命を信じるならば、祈りは世界の事物に対して巨大な力をおよぼすことを知るであろう。祈りの働きはこの世のわるがしこい人間の知恵よりもはるかに大きい。祈りが偉大な精神あるいは偉大な教会によってなされるとき、その働きは更に大きなものとなる。祈りは神の玉座の背後にある力であり、祈りの力は最後には軍隊の偉大さやその勝利をも屈服《くっぷく》させる。世界を支配するものは道徳か機械か、そのいずれかを最後的に決定するのは祈りである。たとい一時の戦いに敗北したとしても、祈りは長い歴史的運動を通して勝利するであろう。それゆえに、もしわれわれが神と共に祈りのわざへと赴《おもむ》かないならば、われわれは世界の諸事件に働くよりすぐれた力を認識する感受性を失い、事物に作用してつねに最高の存在へと高めてゆく支配力との接触、理解から遠ざかり、将軍も首相もただ驚嘆するほかはない巧妙至極《しごく》な神の影響力に関して鈍感《どんかん》な者となり、この地上に悪の王国を建てようと不眠不休《ふみんふきゅう》の活動を続ける悪魔のなすがままにされてしまうであろう。敵を過小評価することは非常に危険である。世界の事件における悪魔の怖るべき超人的な力を測り知ることができるのは、まじめに豊かに捧げられるクリスチャンの祈りのみである。

わたしはここで、個人の精神だけに重点をおいて語っているのではなく、真の教会、あるいはまじめな国民の社会的精神や祈りについても語っているのである。歴史における祈りの真の力は、キリストを頭《かしら》とする祈る人一人ひとりの一斉射撃によって発揮されるのではなく、救い主なる仲保者《ちゅうほしゃ》と、信仰共同体の協力的行動と、聖霊と、聖霊の生み出した教会の中に組織されている祈りの量と力によって発揮されるといえる。このようにクリスチャンは祈りによって世を裁き、生活を制御《コントロール》するのである。個人にとっても、教会にとっても、真の祈りは人生が拡大されていく実践的課程における孤立した領域ではない。それは広野の聖なる囲い地でも、番小屋でもない。そのような考えは敬虔主義の弱い一面にすぎない。神との交わりがいかに親密であっても、真の祈りは公的あるいは私的な事柄との最も有機的な活きた関係の中に存在する。万物は深く遠い神の国のために、深く遠く関係し合う。

祈りの力によって人間の利己主義はたえざる敗北を喫する。それは社会的結合を促し、福音の勝利を意味する。なぜなら、利己主義者は祈ることも、愛することもしないからである。一方、真の祈りは狂乱した愛他主義から人々を呼び覚ます。狂乱の愛他主義は多くの風変わりなことを生み出し、種々なものを呼び寄せるが、やがてはばらばらになって孤立してしまう。祈りは地球と太陽と星座を結びつける神の愛に協力する愛の意志と、信仰する魂の最高の力である。人間は人間を愛することができるのみであって、人間が神を愛する領域はありえないとする考えほど事実から遠いものはない。人間への愛は、祈りにおける神との交わりに費やされる愛に培《つちか》われなければ、やがて滅びる運命にあり、人間への愛は神との交わりにおいて歴史的、否《いな》、宇宙的な地位と支配にまで高められねばならないのである。

地のみならず、天をも揺り動かす危機において、また、歴史上の最大の戦争よりも更に偉大で荘厳《そうごん》かつ意義深い悲劇と勝利なる十字架において、キリストの神との交わりは生起し、持続する。それゆえに、この十字架の永遠の道徳的危機に対する高い関心と深い洞察力をわれわれに与える祈りは（幾世代かかるとしても）、地上のあらゆる損失や勝利を展望する足場を与え、世界の衝突と崩壊の際にも、精神と良心に裁定《さいてい》をくだす力を与える。自然を支配する道を拓《ひら》こうとする献身的な思索があるように、十字架の道徳的内奥《ないおう》へひたすら祈り入ろうとする更に献身的な思索がある。この一回限りの十字架において、神の国は、宇宙の原理と力の上に築かれたのであり、文明の破滅の中にではなく、文明の新生と火による洗礼によって建設されたのである。心を尽くし、精神を尽くし、力を尽くし、思いを尽くして捧げられる正しい祈りは、いかなる社会とも結合し、その中に道徳的、社会的再生の力をひろげてゆく。再生の力は歴史を決定するものであり、世界に対する神の全能のあらわれである十字架の創造的恵みの中に宿るのである。「おお神よ、憐《あわ》れみとゆるしの中に、あなたは最も強く全能の力を示してくださいます」。このような祈りのことばを、ある人は誇張した、修辞的なことばと思うかもしれない。しかし、古今《ここん》の教父たちは決してそのように思わないだろう。そして、社会、歴史、宇宙におけるキリストの地位と重要性に対しては、使徒と同じ判断をくだすであろう。

戦争が何らかの意味において、罪に対する神の審判であり、また、罪はキリストにおいて、キリストに対してなされた審判によって徹底的に裁かれてしまったのであれば、われわれは新しい深さと意味とをもって、今日次のように祈ろうではないか。「世の罪を取り除きたもうた神の小羊よ、われわれにあなたの平安を授けたまえ。一切の歴史的事柄はあなたの十字架において、公正に、終極的に裁かれたゆえに、行為と実践において、あなたを崇《あが》めさせたまえ。十字架の力により、神の国が天になるごとく地にもなるがために、われらに平和を与えたまえ。おお主よ、われらの時代に平和を与えたまえ。平和のとき、戦争のとき、いずれのときにも、この哀《かな》しき世界の捧げる王冠《おうかん》を受けたまえ」。

Ⅵ　祈りと道徳的精神

すべての宗教は祈りに立脚している。そして宗教は祈りにおいて試みられ、内容が測られる。宗教的であることは祈りを重んじることであり、宗教的でないということは祈りの不能を意味する。宗教の理論とはまことに祈りの哲学であり、最善の神学は圧縮された祈りである。真実の神学は熱い内容をもち、蒸発し、上昇して祈りとなる。祈りは神への接近であり、それなくして宗教はありえない。神の強烈な力に圧倒されて、多少の抵抗はしても肉迫して抗議できない自己の弱さへの諦《あきら》めは宗教とはいえない。祈りにおいて神に関する真の観念が生まれ、神への真実な関係が実現される。宗教の初歩的段階では、人は危機の中で憐《あわ》れみと助けを求めて神に赴《おもむ》くが、宗教の高い段階では、神からの贈与《ぞうよ》よりも贈与者である神ご自身を求めるようになる。すなわち、神からの恵みのみを求めて利己心を満足させることはしなくなるのである。神の道において人の利己心は消滅してゆく。祈りにおいて体得し、受容するのは単なる恵みではなく。神との交わりである——もし恵みであるとすれば、クリスチャンが聖霊と呼ぶところの恵みであり、何よりも神との交わりを意味する恵みである。この恵みは単なる瞑想《めいそう》に沈潜《ちんせん》することなく、祈りに集中する。われわれは集中的努力と自由において与えられる恵みを獲得し続けなければならない。課せられた行動や義務を遂行する日常生活において、事実、潜在意識的な神との交わりがあり、それは神をしばしば忘却させる。しかし、そのような敬虔は、絶えざる神との対話へと高められねばならない。そのとき、われわれの行為が全《まった》く神と共になされ、神の国の事業は人の心を回心させ、人々のくびきを負いやすくし、重荷を軽くするのである。そうすることによって義務は愛に吸収され、外部にも明瞭な深い積極的な魂の結合をもたらすのである。その魂の結合は外的なものでも、根本性を喪失したものでもなく、内的、根本的そして相互的なものである。魂の結合の世界には、行為のみでなく相互作用《そうご》があり、要求と贈与《ぞうよ》の関係だけでなく、信頼と愛が存在する。恵みとは贈与者なる神ご自身にほかならず、恵みに対する応答とは受けるその人である。「心が心に語りかける」(Cor ad cor loquitor)。かくして温かい雰囲気の中にすべての要求と授与はなされるのであり、そこでは魂と魂、人格と人格は、溶解《ようかい》することもなく、また個性を喪失《そうしつ》することもなく、魂は一つとなる。そして、祈りに関する思索は、祈りにおける思索となる。最も偉大な、深遠で真実な神の思想は祈りの中で生まれる。正しい思想の根本条件は祈りにおける正しい思考である。品性と行為が携《たずさ》えゆく真実の祈りの中に、キリスト教真理の本質と究極が実在する。キリスト教の真理はいつも祈りにおいて解明され、明白なものとなる。恵みの中での成長とは、祈りの中での理解の深化である。祈りにおいて、われわれはキリスト教の実在の核心と力の根源とに突き進む。

クリスチャンの平安と生活、その意味と目的のすべては、神の贖罪《しょくざい》行為の内に孕《はら》まれている。その贖罪は、死にいたる罪を負う人間のために血を流し、永遠にとりなしてくださる救い主の愛の極致《きょくち》である。死を賭けての贖罪、すなわち、愛の完全な現れである。それゆえに、キリストが完全に自分を空しくされたことと、完全ですべてのものを包むキリストの祈りとは一つなのである。このとりなしにおいて、われわれが最善と思う祈りが、たとい断続的な、汚《けが》れた、弱いものであっても、高められ、真実に神の力を所有する祈りとなる。われわれの一つ一つの祈りに宿る罪は、キリストのとりなしによって贖《あがな》われる。それは聖霊における祈りであり、自己主張的、熱烈、おごり高ぶる祈りとは関係がない。それは「キリストにおける」祈りである。三位一体の神がまさに救いの福音の中に存在するのであるから、すべての神学は福音への重要な応答としての祈りに潜在《せんざい》するということもまた事実である。今までに旧新多くの神学が滅亡したが、その原因は祈りを剥《は》ぎとり、祈りなき真空において準備がなされたことにある。

祈りは人間の完全な人格を惹起《じゃっき》する。そればかりでなく、何よりも祈りの家にのぞまれる神へと接近させる。祈りにおいて、神は自然界の一存在として現れるのではなく、また落ち着いた生活をおびやかす一種の圧迫として存在するのでもない。われわれは単純な瞑想において神と対面しうるのでも、また人生の一番価値ある資産として神を求めるのでもない。神は祈りにおいて、われわれの愛するお方、探求者、来訪者、対話者であり、同時にわれわれの救い主、真理、力、霊界である。祈りという人格的最高の行為において、神は直ちにわれわれの応答者であり、同時に霊的宇宙でもある。このような逆説的表現を理解する鍵は祈りという経験をおいてほかにはない。他の基準に立つとき、この逆説は不合理であるが、祈りにおいて深きものは深きものを解明し、神は最も記念すべき、具体的体験における活きた真実となるのである。神は体験の対象であると同時に体験の本質である。内なる耳を開いて語ってくださる神は、われわれの中において「アバ、父よ」と呼ぶ声を聞いてくださる（ローマ八・一五、ガラテヤ四・六）。内在してわれわれをより完全にしてくださる神は、絶対他者として存在する。ゆえに祈りは神と共に独り語ることであり、神と人間の深い対話というべきものである。

個人においても、社会においても、道徳的精神を助長、啓発させるには、祈りほどよい推進力はない。祈りはキリスト教の知識と成長を促す偉大な機関である。祈りはわれわれを啓発し、自らの人格の中心に立たせる。これによって、自分の精神を真に展望することができるようになる。また神の世界の中央にわれわれを据《す》える。これによって、事物の真の体系を知ることができるようになる。それゆえに、祈りほど「内面性」と自己認識と自己抑制《よくせい》を発達させるものはないといえる。個人の祈りが日々の大切な仕事となり、生活に定着し、寝室でも声高らかに祈られるならば、また祈りが日常の記録として敬虔な感情と聖書の真理に導かれて書きつけられるならば、それは真実にまじめに生きようとする人の霊性にとって、偉大な〔臨終《りんじゅう》の際の〕終油《しゅうゆ》式の慰めよりも更に価値あるものとなる。聖書の探求と神を追求する祈りとは相携《あいたずさ》えて進行する。聖書のメッセージにおいて神から受けるものを、われわれは祈りという利息を添えて神にお返しするのである。われわれの信仰が軽薄なものであっても、祈りほど神との生きた交わりに導くものはない。われわれの独自性を開発し、真の自己たらしめ、内にあるべきすべてのものを掻《か》き立て、われわれを聖化させるものは、祈りをおいてほかにはないのである。祈りは生活における最後の手段として「根気よくやれば必ず成功する」という類《たぐい》のものでも、苦行《くぎょう》でもない。祈りは力であり、洞察力であり、賜物であり、天賦《てんぷ》の才能であり、天才である。天才が自然界において行なうことを、祈りは精神界において行なう。祈りほど力とヴィジョンを与えるものはない。祈りは人格の中心に輝かしい永遠の泉を湧《わ》き出させる。われわれがこの泉の水によって生命を支えられるのは、ただ単に新鮮な力を受けるからではなく、われわれが新しく創造されるからである。祈りにおいて、生命の泉はこんこんと湧き出る。祈りの中で人は新しい視力を与えられ、新しい世界を認識するようになって、視界には同時に二つの世界が展開しはじめる。前述の逆説はここに基づく。ここにわれわれは見えない世界を支配するキリストの働きを読み、また世界の諸事件における神の摂理的戦略を学び知るのである。行為者である神に祈ることは、神の業《わざ》への理解を深めることである。人間の最高の業としての祈りは、神の偉大な業に対する鋭い眼識を育て、神の国の本性と、歴史における神の足跡《そくせき》を識別する力を育てる。

われわれはまた、祈りにおいて活ける永遠の実在と接触するゆえに、常に喪失しがちな霊的誠実さを獲得する。そして、われわれが人を愛し、また人の愛を求める際に陥り易い大きな危険、すなわち真実を隠すことから守られる。祈りは奉仕以上に偉大で神聖な愛を学ばしめ、訓練を与える学校である。しかし、もし祈りが愛から切り離されてしまうならばその機能は休止する。

祈りはまた、すぐに病的なものになりがちな悔い改めの学校でもある。そこでわれわれは実在に対する真実と自分自身への誠実の尊さを教えられる。心を照らし、探求し、救う聖霊の光なしにわれわれは神と接触することはできないが、祈りによってわれわれは自分自身、友人、特に目前の敵を裁くパリサイ主義から守られる。祈りにおいて自分を吟味し、謙虚にならなければ、いかに控え目にしていても、神の同労者として神の名において戦うことは不可能である。祈りにおいて謙遜は変じて道徳的力となる。

祈りはまた、われわれを困惑《こんわく》させる幻想や、人を分裂させて世の塵《ちり》となす精神錯乱《さくらん》から守り、精神に統一を与える。神の裁きは救いをめざして行なわれることを知るゆえに、われわれは主にあって憩《いこ》い、平安と力と健全な判断をもって落ち着き、いかなる運命に対しても心の平静を失わない。魂に真の憩いの住居を与えてくださる神は、われわれに真の自己を贈与なさる方である。そして祈りは、自己の自己に対する関係よりも更に近く救い主をもたらし、心の中に交錯する驕《おご》りと失望からわれわれを救う。神の深い忍耐はわれわれの忍耐力を強化する。真実な神との親しい交わりが許され、神の聖前《みまえ》にあるとき、われわれは真の自己になることを知り、自己の幻想を除き去ることができる。このようにして、われわれは信仰の最高の行為としての祈りにおいて、救い主なる神の恵みを把握《はあく》し、平安を得るようになる。そして祈りのみが神の恵みをいたずらに受けることを防ぐのであるが、それは祈りが個あるいは複数の人間の健全な精神を建て、日々道徳的人格を創造し、社会に新しい心を広げ、人類に新しい風潮《ふうちょう》を設立することを意味する。たとい古い大地が取り去られ、親しんだ丘陵《きゅうりょう》が海の中に没《ぼっ》しようとも、人が祈りの中に入るならば、勇気と博愛精神とをもって出てゆくのである。それゆえに、真の教会とは真の祈りの共同体と同意語であるといえる。

孤独な精神と道徳生活に対して、また個人と社会に対して巨大な力を発揮する祈りが、魂のはにかみや社会的無関心とも結びつくならばそれは一種の自己矛盾である。カントは、プロテスタントの哲学者としてよくその名が知られているが、宗教よりも科学的思考とその展開に大きな影響をおよぼした。カントは（彼の天才はドイツ民族の特性を反映して）人間の知力とある種の堅固な道徳的洞察力を代表するが、カトリックの伝統ともいうべき、霊的雰囲気、繊細さ、柔軟性などは代表しない。理知主義はいつも倫理的完成よりも力に傾斜しやすく、常に倫理を餓死《がし》させ、また堕落させる傾向がある。カントは自分やその時代の祈りに対する問題を取り扱うことに不安を感じたと見えて、カントの著作においては、祈りの取り扱いは、まことに制約されている。ちょうど、英国の偉大な学者、ジョンソン博士や同時代の人々にも隠されていた、ミルトンの内に存在する力と調和をわれわれが知るようになったように、カントの後継者でさえ今やその点を熟知している。さて、カントは祈りについて次のように語っている。

「われわれはぶつぶつ独り言をいう人間と出会った際、その人間の精神が異常ではないかと疑うであろう。しかし、そのような人間の人格といえども真実に実在しているのである。神の人格は、知的思索による結論以上のものであっても、道徳的要請以上のものではないような神の人格よりは、確信しうる事柄である。危機に際して祈ることは、教養ある人間でも失うことのない衝動《しょうどう》であり、また失う必要のない人間の本能である。しかし、教養ある人間は祈りの姿勢を、他人に見られたとき、祈っていたのだと告白しないとしても内心恥じることであろう。かれは知性に相応しくない行為を発見されたかのように感じるであろうし、教育ある人間が十三という数の迷信に迷わされていることを発見されて感じるときのような恥《はじ》を覚えるであろう」。

祈りに対して繊細な神経と深い配慮をもっている思索家ならば、カントのような露骨な表現をもう少し控えて語ったことであろう。恥《はじ》とはにかみの区別、無価値なものに対する困惑と、人の目にさらすには余りにも美しく神聖なものに対するとまどいとの区別は、祈りの実際的経験なくして認識することができないのである。カントの時代が歴史、特に宗教史に関する更に豊富な知識と興味を彼に与えたならば、カントは普通の知者のように臆《おく》病《びょう》になることなく、偉大な聖徒たちや民族の指導者たちのもっていた力、完全性へと赴《おもむ》いたであろうし、パウロやトマス・ア・ケンピス、軍隊を率いたクロムウェルあるいはグスタフ・アドルフスの境地にまで達したことであろう。更にゲッセマネに祈るイエスの心境にまで達したのではないかと暗に言及《げんきゅう》したい。しかし、カントは現在の科学と同様に、精《せい》妙《みょう》な諸力の根源的力を感知できず、また捕らえ難い生命の永続的、圧倒的効果と影響力を認識できない時代に生きていたのである。偉大な世界の歴史に与えた祈りの影響力については、なお多くのことが書かれるべきである。

Ⅶ　祈りの自然性

人は祈りにおいて、直接に、究極の実在に触《ふ》れる。神との触れ合いは、思索的探求によるよりも、これに劣らず労苦を伴う祈りという探求によって実現される。祈りは、厳密に中心の意味をくんで表現すれば、啓示の臨《のぞ》む雰囲気であり、神の自己顕示《けんじ》が霊感として開花充満する最高の場である。祈りにおいて自然や事物などのあらゆる介在物《かいざいぶつ》は背後に消え去り、人は救済者なるキリストによって神の前に置かれる。そのとき、神は人の面前《めんぜん》にあり、また同時に内在なさって、人は二千年をあたかもただ一日のごとく超越《ちょうえつ》する。

御霊《みたま》の創造的奇跡により、神自らが人の新しい性質となられる。その性質は人に固有のものであり、また神に定められたものである。人は「偉大な運命」を授けられるために、神のかたちに似せて創造された。神のかたちは人の最善を引き出す教育や啓発によって形成される類《たぐい》のものではない。祈りが神のかたちを創造する。祈りは人に内在する真実の、深い、潜在的自我を示すが、それ以上に内在なさる神を示す。内在の神は単なる拡大された自己ではない。内在してくださる創造主なる神は、人間の主人であると同時に絶対他者である。人が真実の祈りにおいて、神と深く関わるほど、真実の愛の中で、自己との深く強烈な相違、神の親密な他者性を自覚するものである。そうでなければ、祈りは単なる夢、あるいは霊的即興歌《そっきょうか》にすぎなくなり、霊的対話ではなくなる。人間と自然の間に単純な境界線は引けないが、結合力の強い人間の内的自我の中にも区別、分離がある。それは天における父と子の区別のような霊的区別である。自然と、人間の自然的自我とは、霊的自我の内に包まれている。

クリスチャンは被造物が贖罪《しょくざい》に関係づけられていることを知っている。しかも、被造物のあがないは「すでに到来している」のである。新約聖書に述べられているように、救いの闘いが贖罪の事実の中に、序曲として展開しはじめる。贖罪は異教の快楽を拒み、自然の慰めにのみひたる心を冷却《れいきゃく》する。古代人は自然への逃避が可能であった。すなわち、古代世界においては良心の呵責《かしゃく》から逃れて自然へ逃避することができた。しかし、現代に生きる人間にはそれができない。なぜなら、肉体は高められて精神と結合し、自然は精神と有機的関係をもち、神の贖罪愛の働く場所となって、神の意志を（人間性において）経験するからである。被造物は神の子たちの出現において本来の自己を回復しようとして呻《うめ》いている。救済は宇宙全体に及んでおり、どこにおいても人は神の裁きを避けることはできない。人は、ギリシャ人の悩みの対象とはならなかったような、裁きにおける神の公正さに疑問を抱くかもしれない。しかし、たとい人が夜明けの翼を借りて地の果てに住もうとも、神は人の前後を囲んで離れないであろうし、人は過去と未来、行為と良心の衝突《しょうとつ》を感じ続けるであろう。たとい人が神から逃れようとしても失敗に終わる。風は神の使者、人は神の僕《しもべ》、戦争と地震は神の目的遂行の手段である。神は常に精神界において、人と面しておられ、裁き、救いを与えられる。自然は神の恵みの事実を窒息《ちっそく》させることはできない。自然は、人間の人格的葛藤《かっとう》よりも実現される救いを、感動に満ちた宇宙的なものとする。自然において人が相対《あいたい》しているお方は、心の内にお会いしている神とやはり同一の力なのである。

星座をめぐる声は、
すべて神の約束を語る。

神をあなどるか、神に仕えるかによって、人間の自然的本能は、裁きともなり、祝福ともなる。自然は人間をキリストのもとに送る付人《つきびと》の機能をもち、日ごとにキリストの門に導く義務を果たす個人教師でもある。人間に示されるキリストは、単に歴史的に実在し、行為されるばかりでなく、宇宙的に実在し行動なさる方《かた》である。聖書の後半の手紙に見られるキリストの宇宙的地位は、使徒による空想でも、過度の推量《すいりょう》でも、根拠なき神智学《しんちがく》によるものでもない。それは実践的信仰の成熟の中に啓示されたものであり、行ないによってその本領《ほんりょう》を発揮する信仰によるものなのである。

啓示は特に、信仰の主要な行ないとしての祈りにおいて示される。もし宇宙の被造物が人間をめざして成長するとするならば、人間は祈りをめざして高められてゆくといえる。祈りは自然の希望を満たし、内的真理を描き出し、そのゆがみを矯正《きょうせい》して霊的存在に仕上げてゆく。祈りは創造の秘密とその運命を解明するものである。祈りに向かって全被造物は産みの苦しみをする。それは進化の負う重荷である。被造物は心からの期待をもって神の子たちの出現を待ち望み、すべてがそれに向かって突き進むのである。自然は祈りにおいて本来の自然となる。祈りにおいて救われ、解放されようとする熱情を内に抱きながら呻《うめ》く自然の真実な姿を認識し、その根拠を把握するのは祈りである。「神との対話は最高の芸術である」(Magna ars est conversari com Deo)。「祈りは自然を天国に導く芸術である」。われわれは祈りにおいて自然の真の芸術家となり、自然の究極最奥《さいおう》の情熱の運搬《うんぱん》者となる。そしてわれわれはまた、自然の真の祭司となり、自然が神と内的に交わる機関となる。世界に内在する御霊《みたま》という概念と、礼拝において超越する御霊という概念は祈りにおいて調和する。森羅万象《しんらばんしょう》の永遠の語りかけは天において止《や》むことなき祈りとして聞かれる。その語りかけは人間だけにではなく、人間において神になされる語りかけでもある。ここでは独《ひと》り言《ごと》は対話である。祈りにおいて、神は自然におけるご自身の投影から立ち返り、自らと語るのである。われわれが神に語ると思うとき、実は人間に内在なさる神がわれわれを通してご自身と語っておられるのである。神が遣わされる御霊は空しくは帰らない。人間の魂を神のみもとに運ぶのである。恵みの対話とは実は神聖なる神がご自身の愛において自己と交わる独語《ひとりごと》である。われわれは祈りにおいて自然を本来の自然たらしめ、言うべきことを言わしめ、思想とことばにより自然に自分の魂を発見させることによって、自然世界に対して真実かつ究極的正義を行なう。自然が本来の自分に立ち返るのは、普通の人によってではなく、祈りの人、祈るクリスチャンによってである。祈るクリスチャンは神の創造物に賛美の舌を与える長官である。このようにして、神ご自身が祈りに対する答えであるように、われわれの祈りは自然の要求に対する答えである。祈りはまさに自然の真髄《しんずい》である。祈りは自然の核心における奇跡以外の何ものでもないのである。

このようにして、祈りと自然法則の間の軋轢《あつれき》は消える。自然と秩序ある自然の法則は静的ではなく動的であり、静止的相互作用ではなく動的進化作用である。自然はただ動いて行くだけでなく、目標に到達せねばならない。自然の偉大な機動力は単なる衝動《しょうどう》の力ではなく、神の決定力である。自然の体系は固定した機械ではなく、進化である。自然は劇的であり、終幕《しゅうまく》をもつ。自然を支配している根源的力は、自然から生じるものではなく、逆に自然がそこへと移動してゆくのである。自然の衝動は自然に内在する目標による。すべての自然の法則は目標を持つ包括的《ほうかつてき》法則に支配される。自然は祈りへと向かう。自然の法則は鉄のように固定したものではない。もし自然の法則が固定的であるとすれば、たとえば河の水が H_2O という構成において固定的であるという意味での固定性であり、河の水そのものは流動的であり、いつでもわれわれを海に運ぶことができる性質のものである。

自然法則が固定されるのは、人間精神に対して安全確実であり、危険のない範囲においてである。自然法則の性質は常に変わらないが、その機能は硬直したものではない。河における固定性は常に流動的であるということである。

「河の流れは静かにして永久《とこしえ》に流れる」。自然の最大の法則は神への傾向、神の憩《いこ》いに帰ろうとする努力（nisus）であることをわれわれは知る。この努力が実現にいたるのは、人間が神に引き寄せられてゆくこと、すなわち、神の放蕩息子たちが神の家に立ち返る時である。最も進歩した被造物は人間の熱心な神探求と祈りによる神の発見において、その本性にいたる。それゆえに、祈りにおいてわれわれは、自然全体のためを思って部分的には矛盾するようなことがあっても、自然に反することを神に要求しない。そして、自然自らの祈りが成就するように神に対して祈るのである。

祈りの雰囲気は、初めは、実用的あるいは科学的ということばでいわれるものと正反対のものに思われる。実用的ということばの意味は、世界や人類の創られた目的に貢献するということである。各民族の実際的生活としての人類の歴史は、魂の成長と解放をめざし、人間精神を豊かにし、強固にするように働いてきた。各人が小規模に行なうことを歴史は大規模に行なう。——歴史は成長してゆく精神である。人間の精神と人格は進化の最終的実在である。これのみが永遠の意味と力と価値をもち、永遠の実在である神の意志を展開させもし、また妨害もする。宇宙はその存在の意味と真理性を、個人の限界を越える人格においてもつ。自然的段階、すなわち人格的でないその段階に生きる人々においては、自己に集中する利己主義が、明瞭な目的論をもって小さな世界を築き上げる。そこでは、いかなる人間、いかなる事物も人間共通の感覚的自我に服従し、奉仕するものにすぎない。より精神的な段階においては（神聖な人格的段階ではない）、種族という巨大な自我において同じことがいえるのである。すなわち、集合自我的である種族は、宇宙が自己に貢献するものとみなし、そのように扱うのである。自然はここでは人間のために存在する。人間、恐らく超人のために存在するのであろう。この段階においては人間は神の栄光のために存在するのではなく、神が人間を助けるため、人間の栄光のために存在する。しかしすべての事物は人格生成のために協働するのであり、自由な魂に向かって向上してゆくのであるが、この段階においては、人間の成功は、大小いずれにせよ、自我の拡張を増強するものにすぎない。しかし第三の人格的クリスチャンの段階では、人間自体が創造の一部分として、意味と目的を持っている。しかも、彼は神において存在するのであり、自己を存在の根源とは考えない。神が彼を支え（nisus）、推進する。神は人間に内在して働くのであり、人間がただ自分の力で考え、努《つと》めているのではない。

神は愛である。自然に関するすべての高度な学問《サイエンス》は、それゆえに、魂と魂の愛とに仕える自然の働きを解明するものである。学問とは魂を愛へと向かわせ、愛において魂の真の自己をひき出す中心（milieu）あるいは機構である。それゆえに、愛と愛の交わりを表現し、実現する行為がこの世のあらゆる実践と学問なのである。それは個が全体により、全体が個により豊かにされる大団円《だいだんえん》（dénouement）を演出すべき舞台、場面、筋書きである。それはすべての事物を結び合わせて宇宙的舞踊へと誘う愛の音楽であり、各々の事物が愛によって結合された世界でのみ決定的に充足することを予言する愛のことばである。このように、祈りが究極の目標となるならば、学問自体は真に実用的となる。学問は祈りを行動的目的としてもつ宇宙運動の理論である。それは遂《つい》には倫理的学問となり、キリスト教の目的が全世界の真の目的となるとき神学となる。一切の知識が愛と愛の交わりに奉仕するのである。キリスト教信仰にとって、宇宙は精神的なものであり、人間のように有機体であり、永遠なる愛の意志が表現されたものである。この神の愛が真実の実在なのであり、それが移ろいゆく感覚世界に意味と運動と恒久性《こうきゅうせい》を与えるのである。そしてわれわれは、祈りによってこの宇宙と愛の力とこの事物の活ける現実性とに意識的に結合し、親密になるのである。（奇跡的ともいうべき）祈りはこのようにして、世界における最も自然的なものといえる。

祈りは全自然の成就である。自然は祈りにおいてねぐらに帰り、憩い、眠りにつくのである。祈りはすべての科学の究極的ことばであり、科学が接近不可能な真の実在と接触させる。そして祈りはまた、あらゆる人間の行為と歴史における最も実用的なものであり、人間と事物がそのために存在し、努力すべき霊的目的に導くのに最も力があるものなのである。

祈りが法則の機構によって窒息《ちっそく》させられると感じる人は、法則そのものが、大きな観点に立つとき、われわれを祈りに導くことを知らない人である。法則は自然から生まれ、歴史を通って天国にいたる。法則は歴史によって——すなわち、キリストの十字架と教会の歴史によって——愛の機構に統合される。それは神における永遠の機構であり、高められた祈りの交わりにおける精神の相互作用を内包している。永遠においてのみ自己の意味と精神を見出し、永遠の様式と規模において働き、そこに自己の原理を獲得し、自己のことばを語る霊的生命の生まれながらの運動が祈りである。祈りは神の永遠性の時間内における行動、すなわち、愛の意志の現れである贖罪《しょくざい》と和解に対して喜んで従う意志の服従である。神への祈りは、はじめに神がわれわれのために祈ってくださったことによる。

原則として祈らないということは、思考が意志に優先したことを意味する。思考が意志を内包《ないほう》するか、意志が思考を内含するかは問題である。もし祈りが抑圧されると、意志より思考が優勢になる。そのとき、思考は人格を押しのけて宇宙の指揮者たらんとする。もし意志が思考の単なる機能にすぎないのなら、祈りは単なるしるしであって力ではなくなる。その時、祈りは無限の現象学の範疇《はんちゅう》に属することになり、現象を支配する神の中には存在しなくなる。

祈りは神の意志を行なうことである。祈りとは、神にわれわれの内にあって祈っていただくことである。神によってなされる完全なことは、神ご自身の祈りそのものである。ゆえにわれわれは答えを祈り求める。父と子は完全に充足し合う。それは聖霊であり、神性の自己充足である。

もし神の意志が天になるごとく地にもなるならば、祈りは礼拝をもって始まる。もちろん、それは感謝と祈願の礼拝である。しかし、祈りはわれわれが祈る前に、神から受けなければならない。回答者である神は、祈りそのものをも備えていてくださるからである。われわれが祈るのは神がすでになしてくださっていることに基づく。われわれが捧げるのは、神より与えられたものを自分の内から引き出して捧げるのである。われわれの献身は神がご自身を献げてくださったことに基づく。そして、祈りの精神は、偉大な仲保者である聖霊の賜物《たまもの》から流出する。それゆえに、神の業《わざ》に対する賛美と礼拝は、祝福と感謝に先行する。祈りのはじめにおいてはそうでなくても、祈りの最高の段階においては、特別な、直接に臨む祝福よりも、神がご自身の聖なる御名《みな》のためになされた偉大な栄光に富んだ贖《しょく》罪《ざい》の業にわれわれは夢中になる。われわれは神の時が自分に臨むとき目がくらみ、自分の顔を翼で覆《おお》い、「聖なるかな、聖なるかな、聖なるかな、万軍の主、その栄光は全地に満つ」〔イザヤ六・三〕と叫ぶ。われわれは心から神をほめ、神の名を讃える。神の完全は人間の完全に先行している。たとえば、われわれは現在の戦争（註・第一次世界大戦）において、勝利と、あらゆる戦争からの解放を、神の国のために祈る。戦争という悪魔的な事件によっても破壊されず、挫折《ざせつ》しない神の国における解放を、崇敬《すうけい》の念をもって祈る。神の国はキリスト殺害者に対して勝利したばかりでなく、逆にかれらを神の国建設の偉大な梃《てこ》として用いたのである。そうであれば、神において勝利できないものは何も存在しないのであり、永遠の祝福と聖なるみ名の栄光のために逆用できないものは何もないのである。このような信仰の眺望と、人間一般の標準とは相容《あいい》れない信仰的ヴィジョンによる価値観に立つことは、ただ祈りにおいてのみ可能である。

しかし、礼拝するのみで、特別な恵みを求めたり、人間的必要を訴えることが許されない祈りならば、祈りは非現実的なものとなる。それは神をして神以外の一切の生命を認めない者とし、非常に神らしからぬ利己主義的神を生み出すことであり、その考えが集合し形体化すると、単なる国家至上主義にすぎない宗教となる。真の祈りは二つの行ないを伴う。第一に、人は祈りにおいて自分自身から出て、畏敬《いけい》と愛と賛美の中に自己を忘却《ぼうきゃく》する。第二に、人は祈りにおいて、自分自身の中に入り込み、自己の内なるすべてをかき立て、神の御名《みな》を讃え、崇《あが》める。人は神の忍耐強い光の中で鋭く自己吟味するのであり、罪が人を光の外にある存在として認識させた時でさえも、自己を凝視させるのである。われわれが無であるということは、あたかもわれわれの上に星のように輝く天が風刺《ふうし》でしかないかのように、無がわれわれの魂に焼き印《いん》されているということではない。無になるどころか、祈りにおいてわれわれの心は再び神のもとに帰り、意志は奮起《ふんき》させられ、清められるのである。われわれは古い要求を撤回《てっかい》するだけでなく、より親密なまた霊的な新しい要求を発見するのである。われわれが霊的に成長するほど、潜在意識とか、無意識という状況から脱却《だっきゃく》上昇する。祈りという神聖な姿勢における自己忘却《ぼうきゃく》の時が、実は真実の自己実現の時なのである。祈りは魂の下に広がる深淵《しんえん》に落ちてゆくことではない。もしそうであれば、受肉《じゅにく》の秘義《ひぎ》でさえ、この非道徳地帯において追求されても無益である。祈りは言葉に言い表せないオーム〔ヒンズー教で瞑想《めいそう》の際に唱えられる呪文《じゅもん》〕のような単調なつぶやきや叫びではない。人は祈りにおいて、聖なる神とのさらに意識的な積極的な関係に入るのである。神は深淵に潜《ひそ》む神ではなく啓示の神であり、その啓示において多くの人の心の思いが顕《あらわ》にされ、神の充実が人々の思いを満たすと同時に、また新たな願いを起こさせる神なのである。

礼拝の後に、祈りは感謝となり、嘆願となる。われわれが神に感謝するとき、われわれの恵みの体験は「すでになされているのであり」、何が臨んで来たのかすでに知っているのである。感謝は体験の大目的を満たしている。感謝は溢れて、人間を真の自己たらしめ、人間の所有となり、完全な働きをする。感謝は大きく、長く、荘厳な神の息（sublimi anhelitu）を呼吸する。魂は創造者なる神に向かって正常な軌道を走って帰還《きかん》する。神は帰還すべき運命を魂に烙印《らくいん》し、神の中に終着点を見出すまでは安らぎがないように魂を創られたのである。感謝すべき神の賜物は、主として賜物の授与《じゅよ》者なる神をもたらし、神において、賛美において、自己を没却《ぼっきゃく》させるゆえに、礼典的役割を果たす。神の聖徒たちに、そして神の恵みに、来臨されるのは神ご自身である。真の啓示において、人は単なる生命の解釈や事件の解明の次元をはるか超えて、生命の創造者、根源的行為者なる神に実際に触れるのであり、人は神を所有することによって、解釈をやめる。かくして出来事は啓示となり、礼典を通して神はご自身を人々に与える。そして真の啓示のあるところ、そこには感謝があり、聖饗《せいさん》がある。なぜなら、神ご自身がその恵みにおいて存在し、魂の内奥から神ご自身の音楽を奏《かな》で出すからである。もし、われわれが賜物だけを重要と考えるならば、祈りはわれわれの利己主義を助長することになる。そのときわれわれへの賜物を賛美するようになり、神を資産として取り扱い、神を喰い物にする誘惑にわれわれは陥《おちい》る。しかし、真の祈りは授与者である神を第一に考えるゆえに、利己主義を賛美の中に解消させる。神の賜物は、自分をただ喜ばせるよりも他の目的、すなわち、神をもたらし、神へと導き、神の栄光の調和にまで高める目的をもつのである。真の祈りにおける祝福は、祈りにおける快楽を超越《ちょうえつ》させる。神の御霊《みたま》は空しくは帰らず、われわれの魂を一束《ひとたば》にして神に持ち帰るのである。

祈りにおける嘆願についても同じことがいえる。嘆願は礼拝、賛美、そして感謝によって浄化される。そして、人は自分が正しくあるために何を祈るべきかを知り、神から離れて起きた欲求を神のもとに携《たずさ》えゆくことをしない。人は自分自身の行為において神に要求するのであるが、その要求と意志は、神の現臨《げんりん》の下で啓発され、形成されたものになる。感謝において、人は神の前に過去と現在の自分を披瀝《ひれき》するが、嘆願においては、未来の自分の問題を、神の前にひろげるのである。

しかし、嘆願《たんがん》は最高最純な祈りにおいて、真の地位を獲得しうるであろうか。それは、礼拝と感謝の中に消えてしまうものではないだろうか。嘆願が礼拝へと高められるように、礼拝が必然的に嘆願へ移行することがあるのだろうか。これに対する答えとして、最高最純の感謝というものは、嘆願に対して神が解答された時になされるものなのではないのかと問い返したい。神の降下であると共に人間の上昇であるキリストの受肉を中心として、あらゆる霊的な活動には二重の運動があるのではないだろうか。神が人間において特殊化するように、人間は神において拡大されるのではないだろうか。その点はさておき、嘆願を祈りにおいて認めず、沈澱《ちんでん》させてしまうことは、誤った神観念に基づくものではないだろうか。すなわち、神に対する人間の唯一の関係は依存であり、神の前に意志を無にすることが敬虔《けいけん》深き理想であるとし、人間はただ神を認識するだけで神に働きかけることができないという誤りに陥《おちい》りはしないだろうか。たとえば、リッチュルはシュライエルマッハーに従って、「兄弟への愛は別にして、神への愛においてはいかなる人間も行動の余地はない」と述べている。もしそれが事実であるならば、嘆願の余地はないのであり、ただ神への礼拝ととりなしを排除した人間への奉仕があるだけである。リッチュルの見解は、聖霊のとりなしに対する無視、あるいはカトリック型の敬虔に対する嫌悪《けんお》と結びついているものと思われる。もし祈りをなすことの唯一の理由が苦難にあるというならば、祈りの真の精神は嘆願にはなく、諦めにあるということになる。しかし、人間の祈りへの欲求や意志は苦難だけから生じるのではなく、また、人間の受動性や依存性からのみ生まれるものでもない。人間の自由(それは力であり、同時に一つの危険とみなされる)から、また、人生における義務や生活状況からも生まれるはずである。したがって、嘆願は人間の生活における要求と同じく、神に対して当然なすべき、正しい祈りなのである。もしわれわれに意志も愛もないのなら、嘆願は——特に他人のための嘆願は誤りであろう。もちろん、自分の幸福にのみ夢中になっている利己主義も、われわれの祈りにしばしば影響をおよぼしてきたが、われわれは意志しないことによって、悪しき自我意志に勝利し、幸福への貪欲《どんよく》を無関心によって克服することは不可能である。不純な嘆願はただ嘆願によって清めることができるのである。祈りを救済するのは祈りであり、われわれはより良き祈りができるように祈る。そして、嘆願的祈りにおいて、神の意志に対して正しく対処するときにのみ、利己主義を超えることができるのであり、嘆願は神の偉大な恵みと救済の意志を変えることはできないけれども、われわれに対する神の詳細《しょうさい》な意向を変えることはできるのである。

公の祈りを重んじる多くの人々は、神を拝するという要素を礼拝から見逃してきた。この欠陥は十八世紀の個人主義に起因する。神を拝するということは、利己主義者や個人主義者が見失っている力である。彼らはまた、感謝し、嘆願する力をも失っており、神の前に沈黙することによって、神からの拒絶へと沈んでゆく。神の祝福は利己的に理解されてはならない。もし利己的に理解されるならば、それはもはや祝福ではなくなる。祝福とは、恵みの生活におけるすべての働きの場所で、自分よりも他人をより良く考える力である。われわれは他人が神の祝福にあずかったことを感謝して祈るばかりでなく、自分よりも他人を幸福にさせる賜物を――宗教的天才の賜物がしばしばそうであったように――他人にお与えになった神に感謝することを学ばなければならない。教会は他の教会の栄えることを感謝して神を賛美すべきである。それこそ福音にふさわしいことである。嘆願についてもまた、個人にしろ、教会にしろ、他人を無視してどうして自分の必要を満たすことのみを祈れよう。すべてを抱擁《ほうよう》し、祝福する、そこに神のわれわれ人間に対する根本的な関係がある。われわれは万人に共通する救いにおいて救われている。祈りの雰囲気は交わりである。連帯的祈りは、キリストの福音が不可避《ふかひ》的に結ぶ実である。

公の祈りはそれゆえに、重要な礼拝儀式においてもなお、自由祈祷の余地を残すべきである。それが真に公のための祈りであればあるほど、また、隣人との関係が拡大深化されるほど（隣人と共に祈り、隣人のために祈る時、相互の関係は当然拡大するゆえに）われわれは教会共通の、協力し合う良心から出発する諸形式を必要とする。キリストでさえこの形式を必要とされた。偉大な世界的わざである十字架上にキリストがあげられたとき、彼の祈りは神の民イスラエルの祈りの書、すなわち詩篇に基づいて祈られたのである。教会が宗派的枝葉《しよう》、あるいは個人的枝脈《しみゃく》に拡散《かくさん》してゆく前の、深き魂から生じた偉大な［キリストの］祈りというものがなかったならば、普通一般の牧師たちは、霊的多様性をもつ大会衆の前に立つことは極めて困難なことであったろう。

連帯的祈りは必ずしも公的なものとは限らない。病める人の伏している病床の傍らで連《れん》祷《とう》文を読むことも連帯的祈りである。キリストは連帯的祈りが愛の精神を失った公的な祈りとなる危険を知っておられた（マタイ六・五―六）。そしてこの危険は特に公的な祈りが「即席になされる」時に大きい。公的な祈りが真実になされるには、すべての人各人になされなくとも、かなりの私的祈りが背景に積み重ねられていなければならないのである。「即席の」祈りは神殿におけるパリサイ人の祈りのように、公衆を前にしての単なる個人的祈り、すなわち、公的に使用するにはあまりにも特殊な祈りとなる傾向がある。あるいはまた、即席の祈りは個人的祈りとしての自発性を失って、礼拝儀式と同じ形式になりやすい。他の方法を用いても恐らくより致命的な形になるだけであろう。同一の人の祈りは避けがたく多少同じ形式と内容になりやすいものである。しかし、個人的な祈りはその基調においては、公の祈りが個人的基調をもつ以上に、人々を覚える連帯的祈りであるべきである。個人の祈りは、精神的に人々の重荷を共に負う連帯的祈りであるべきだからである。連帯的祈りの行為において、われわれは多くの人々が行なうことを共に行なっているのである。祈りに退き、われわれは同情ととりなしにおいて、実際は排除している人間の世界をも包みこむ。人間の世界はわれわれの視界から消えても、心からは消えない。われわれは神から離れた人間世界に祝福をもたらすことに関心を持つ。自分のために祈るその行為において、他人のためにも祈る。というのは、もしわれわれが誘惑に陥るならば、必ず他の人も連帯して苦しむことを知っているからである。他人のために祈るということは、祈りに覚えるその他人と共に祈っているということである。かれらの祈りをわれわれが祈っているのであり、かれらの祈りが成功するように祈るのである。祈りは結合の行為である。このように、われわれは祈ることを拒み、結合することを拒む教会とすら、祈りにおいて結合する。

さらに、連帯的祈りは、いかに孤独の中になされたとしても、神の恵みがめざす第一の目標である「共同体」の概念に最も沿《そ》っているゆえに、最も力あるものとなるのである。祈りのもたらす連帯的結合は、偉大な力と価値をもつ倫理的基調を祈りに対して与える。もし、われわれが心こめて人々と共に祈るならば、われわれの人々に対する道徳的関係はいずこにおいても清められ、聖くされ、高揚されるであろう。われわれが心から共に祈る人、また祈りに覚える人を、果たして出し抜くことができようか。真実の祈りというべきとりなしの祈りには、偉大な民主主義的な基調がある。「名もなき数千の信心深き人々の謙遜なる美徳、一致した行動と忍耐強い祈りほどには、いかに雄弁、熱烈な祈りといえども、キリストのために働きえないのである」。そして、われわれは今生きている人々だけでなく、はるか昔に死んでいる人々とも、とりなしの祈りにおいて結合するのである。「祈る人は、キリストの十字架と復活以前の使徒たちよりも、キリストの近くに立つのである」。

多くの宗教が滅亡した原因は、弱さによって神と結合し、強さによって神に結合しなかったからであると、一天才はわれわれに警告している。このことは現代の批評家たちが少しも理解しない宗教の至高の行ないである祈りにおいて誠に事実なのである。われわれの多くは、神の恵みに燃え立って祈るよりも欠乏に駆《か》られて祈る。われわれの祈りは賛美であるよりも叫びである。約束であるよりも要求である。勝利である以上におののきであり、力を行使することよりも力を求める。キリストの祈りとは何と違うことであろう！　永遠なる神の御子のあらゆる神聖な力は祈りにおいて現れている。神の御子としての存在と行ないにおいてとられた至高の形こそ祈りであった。私心のないことと偉大な力の結合は、キリストの生活において最もいちじるしいものであった。力の行使に対するキリストの意識はすべてのものの平等であり、利己主義は彼の中に少しも認められなかった。キリストの祈りは平等と無私の精神にしたがったものである。それは主《しゅ》〔一六六―六七頁のキリストを意味するHeの訳を彼とはせず、主と表記する〕の激しい要望の行使ではなく、比類《ひるい》なき力の発露《はつろ》であった。キリストの祈りはかれの絶望からではなく、向上をめざす精神からであった。それは主《しゅ》にとって義務であるよりも喜びであった。それは人間としての信仰の貧困からではなく、神の恵みの賜物に満たされてなされたものであった。主は求める心よりも聖なる愛に溢《あふ》れていた。祈りの中に、主は自分の欲求や願望を注ぎ出したのではなく、意志を注いだのである。そして、ご自分の祈りが常に父なる神に聞かれていることをご存知であった。自分の価値を分け与え、溢れるものをもって祝福し、主の名によって祈れば必ず聞かれることを弟子たちに約束することができたほどに、力と確信に満ちておられた。世界に存在する神を否定する力、悪魔の国と主が対決し、挫折させたのは祈りによってである。「サタンはあなたがたをふるいにかけることを願って許された。しかし、わたしはあなたがたの信仰がなくならないように祈った」〔ルカ二二・三一―三二〕。主の祈りが弱き者にとってかくも偉大な意味をもつのは、主のこの祈りとその力の行使に基づくのである。主が救い主であり、神の主権と力の啓示者であり、行使者であったのは、主として祈りによるのであった。神と共なるキリストの力は非常に偉大であったので、その力は神の力にほかならないと主の弟子たちに感じさせるものであった。キリストは永遠の御霊《みたま》によって祈ったのであり、その祈りによってご自身を神に献げたのである。そしてその献身は神のためにのみ費《つい》やされたゆえに、まことに偉大であったのである。神の国は見られるかたちで来ないことは真実である。それゆえに、神の国のためにキリストがなした最大の事業は、昼にではなく夜になされたのである。主の祈りは主のなした奇跡以上に意味があった。そして、主の偉大な勝利は、すべての者が主を見捨て、逃げ去り、誰も顧《かえり》みる者がなくなった時に与えられたのである。主の人間に対する行為が最も強力であったのは、人間のためでなく、神の栄光のためになされた時であった。キリストは自分の働きが公になる危険を知っておられたし、密《ひそ》かになされるべきであることを知っておられた。完全なる孤独において、主は最も社会的な事業をなしとげられた。孤独においてこそ、主は偉大な力を発揮されたのである。キリストにとって、夜はすぎ去った昼間の疲労を癒す憩いの時ばかりでなく、来たらんとする昼のために力を貯《たくわ》える祈りの時でもあったのである。祈りは（キリストに語らしめれば）強きものの中で最も強きものである。それは至高者の玉座を囲む大気《エーテル》である。祈りの力は恵みの全能性に符合《ふごう》する。すべてを神の恵みに負うていることを感じている人は、祈りの届く範囲についての困難を感じる必要はない。その人はすべてのことに祈りをもってあたるからである。

この章を閉じるに際して、苦痛に耐えている人々にひと言《こと》述べたいと思う。人は苦痛が去ることを願って祈り、熱情をこめて祈るが、その結果精力を消耗《しょうもう》し、希望がなかなか叶えられずに病気となり、祈りが失敗に終わる時がある。しかし、そのような祈りよりもさらに高い祈りがあることを知って欲しい。苦痛の除去を祈るよりも、苦痛が神の恵みの臨む場と変えられるように祈る方が、はるかに偉大なのである。神が苦痛をして聖餐《せいさん》としてくださるように祈ることは、大きな恵みにあずかることなのである。苦痛の聖餐！　われわれが諦《あきら》めに沈んで「あなたのみ旨がなりますように」と言い、あるいは言おうと努力するのでは、素朴に、心から聖餐に参与するのだとはいえない。苦痛を耐えている人々にとっては、たとえ澄み切った目を持っていたとしても、この苦痛は神のみ旨であると判断することは容易なことではない。苦痛は悪しき思い、あるいは軽率なる愚行《ぐこう》、あるいは愚かなる貪欲《どんよく》によって引き起こされたものかもしれない。しかし、苦痛に直面したならば、苦痛に正しく対処し、苦痛を把握し、それを神のために利用することが神の御心《みこころ》である。それは苦痛をして魂の糧とし、神の栄光に帰せしめることであり、苦痛の要因を清め、聖餐とすることであり、苦痛を祈りに変えてしまうことである。

苦痛の中で人が除去を祈願したり、それを役に立てようと祈るときでさえも、神はその苦痛を祝したもうのである。どんなものであれ、われわれを神に駆り立て、神に近づけるものは、神の祝福をその中に宿すのである。そして、もし人がさらに向上しようと欲するならば、苦痛をして賛美に変え、火中にあって神に感謝し、人生を回顧《かいこ》して思いわずらいに費《つい》やした力を、神の善と忍耐と慈愛を想起《そうき》、発見するために用いねばならないのである。そのような回顧において、人が多くの恵みに開眼するならば、かれが知らなかったさらに多くの、否《いな》、決して知り尽《つ》くせない恵みが存在することを確信するにいたるであろう。神は密かに善行をなし、その恩恵が認められることを求めない最高の方《かた》である。また、われわれは自分の体験した苦痛がいかに他人に対して祝福となるかを知るであろう。かくして、われわれは心の憂いを賛美の衣に換《か》え、不平を止めて魂を晴れ着に包むようになる。苦痛の聖餐《せいさん》はそのとき真実の聖餐となり、感謝を分かち与えるものとなる。

そして、これらすべてに優るより高い段階があるとすれば、それは、われわれに臨み、また所有した恵みや慈愛のみを思うことなく、ただ主なる神の完全と栄光のみを思う礼拝の段階である。そのとき、真の芸術家がいい表しようのない美しさに対して抱く感情を、われわれは神の聖なる御名《みな》に対して抱くことであろう。ワーズワースが述べるごとく。

われはただじっとみつめたり、
かのひとをわがものにせんと思わで。(註)

（註）十五歳とは思えないほど、きわだって美しく、容姿端麗《たんれい》な乙女がいた。ハイネは乙女の麗わしさを一目見て次のような詩を歌ったのである。

花でさえ半《なか》ばにも及ばじ、可憐《かれん》なる
いとおしき、麗わしき、やさしき乙女、
限りなく柔らかなる潮《うしお》のごとく
わが心と思いをひたす。

われは祈れり（祈りせでこの世ならぬ美しさに応《こた》うるものはなきゆえに）、
神よ、祈りに応えて
乙女のいとおしき、華麗なる美しさを永遠《とわ》に保《たも》ちたまえ。

フォーサイス略伝

ピーター・テイラー・フォーサイス（Peter Taylor Forsyth）は、一八四八年五月十二日、スコットランドのアバディーン、チャペル街百番地で、五人の子供の長男として生まれた。父アイザックは裕福とは言えない商人であったが、後に配本業、郵便配達などによって生計を立て、ブラック・フライアーズ街会衆派教会の執事《しつじ》を長い間務めた信仰深い人であった。母エルスペット・マクファーソンは夫より一つ年上であり、明るく責任感の強い女性であった。アバディーンの有名な市民で、忠実な会衆派の信徒、即ち裕福な靴商人ピーター・テイラー家の家政婦を務め、婚約者アイザックとの結婚を九年間延ばして主人テイラーに仕えた結果、テイラーは大きな屋敷を死後フォーサイス夫妻に贈る遺言を残したのであった。

ピーターは結婚の翌年生まれたが、テイラー氏は自分の名をかれに与えた。ピーター・

テイラー・フォーサイスは教育熱心な両親の下で幼少年時代を過ごしたが、健康はすぐれなかった。

一八六四年、フォーサイスはアバディーン大学に入学し、六九年に優れた成績で卒業後、母校の人文学科の助手となり、一年間古典を教えたが、両親の祈りに応えて説教者への道を歩み出した。一八七一年の春、ドイツに留学し一学期の間ゲッチンゲン大学のアルブレヒト・リッチュルの下で学んだ。短期間とはいえ、かれは終生リッチェル神学の影響をうけることになる。帰国後、ロンドンのニューカレッジの編入試験をうけて神学部に籍を置いたが、健康上の理由で七四年に中退している。

一八七六年に、かれはブラッドフォード市に近いシプレイの会衆派教会の牧師となり、四年後ロンドンのハクネイにある聖トマス・スクエア教会の牧師となり、更に一八八五年マンチェスター北部のチーサムヒル教会の牧師に招かれ、一八八八年にはレスクー郊外のクラーレントン公園教会に移り、そこで六年間牧会の業に従事した。

牧師としての初めの十五年間、フォーサイスは神学的には自由主義者として発言し、動脈硬化的な正統主義に対して批判的にかかわったが、伝道牧会の過程で、いわゆる「回心」

がフォーサイスの内部に生じ、神の聖性と聖なる神に対する人間の罪深さ、聖なる神と罪人の和解の出来事としての十字架の恵みが強く認識されるようになり、神学的自由主義を逆に鋭く批判するようになった。それが明確に現れ始めたのが一八九一年の会衆派教会での講演「古き信仰と新しき信仰」においてであった。

一八九四年、フォーサイスはケンブリッジ大学に対して影響力をもつケンブリッジのインマヌエル教会から招聘《しょうへい》をうけ赴任したが、健康がすぐれず、赴任一週間後に妻に先立たれ、その後数年間娘のジェシーと孤独の生活を送った。一八九六年にかれが逆境の中でレスクーにおける会衆派同盟総会でなした「聖なる父」という説教は、会衆派始まって以来の大説教として会衆に深い感銘を与えたという。一八九七年、第二の妻パーサ・アイソンを得て、フォーサイスは心身の健康を回復した。そして、一八九九年にボストンで開かれた国際会衆派協議会にイギリス代表として大西洋を渡り、大会の二日目、「権威の福音的原理」について講演し、キリスト教における権威の座としての十字架の意義を語った。講演が終わると嵐の如き拍手が起こり、やがて「うつりゆく世にも、かわらで立てる、主の十字架にこそ、われはほこらめ」（日本基督教団讃美歌一三九番）の会衆賛美が会場にこだましたという。

一九〇一年の春、フォーサイスはロンドン郊外ハムステッドのハクニー・カレッジ（神学大学）の学長となり、死に至るまでの二十年間、大学の運営上の業務に労苦しながら、神学生を教育訓練し、多忙の生活の中で、研究と著作に打ちこみ、優れた著作を十七冊以上なし、また数多くの論文を発表した。『祈りの精神』が出版されたのは、一九一六年のことである。

一九一四年に第一次世界大戦が勃発《ぼっぱつ》したとき、ドイツ人を愛していたかれは深い苦悩の中に沈みつつも、ドイツの侵略的戦争には非妥協的であった。大戦が終わったとき、フォーサイスは七十歳を越えており、病気との戦いが始まり、一九二一年十一月十一日、天に召されていった。大学のチャペルにあるかれの記念碑には、「十字架によって光へ」（PER CRUCEM AD LUCEM）と刻まれている。

訳者あとがき

思えば私がはじめてキリスト教会の門をたたき、創造主なる神に祈りを捧げるようになって以来、十五年の歳月が過ぎ去っていった。説教に真剣に耳を傾けた求道時代、聖霊の光に自分の罪を照らし出されて苦悶《くもん》し、唇にあふれた懺悔《ざんげ》の祈りは、やがて十字架における贖罪《しょくざい》の恩寵《おんちょう》に接して感謝と讃美の祈りへと変わった。それ以来、私は信仰の旅路を努力しながら歩み続けてきた。その間、懐疑の嵐があり、天来の陽光と平安があり、悲嘆の空に突如現れた希望の虹あり、暗黒の不安の森に一人おののき叫ぶ祈りがあり、憩いの汀《みぎわ》から生命の水を汲んで友と語らう喜びがあった。欲望の川の激流に押し流されて、必死に救いの岸にたどりついた時もあり、愛の大海の前に自分の愛がいかに小さいかを知って憂《うれ》いたときあり、真理の山を仰いで、先行く師の健脚と体力を羨望《せんぼう》し、自分の弱さに嘆いた時もしばしばあった。人を助け、また助けられ、祈り祈られてここまで来た私である。これから先に続く信仰の旅路に何が待ちうけているか知る由《よし》もないが、いかなる危機が訪れようとも、入信以来すべてを最善に導いてくださった父なる神を信頼し、聖書に決断の方向を示されながら生きてゆきたいと思う。今ある私の信仰も実に多くの人々の祈りに支えられていることを覚え、感謝が心にわき上がる。

私は今までに数多くの信仰者の祈りに励まされてきた。天城山中に涙して祈るわが牧師、松村秀一師の祈りを知り、早朝に起き出て聖霊の力によってとりなし祈るあき子夫人の祈りを知る。若き日に山中にこもり、孤独なるキリストの声を聞かれた熊野清樹《ゆやきよき》牧師の祈りを知り、聖霊の光を放って澄み輝く目の奥に祈りの姿を映すギャロット博士を知る。知性と霊性あふれる講義の背後に積み重ねられた高橋三郎師の祈りを知り、主イエスより欲しいもの一つを求めよと問われたとき、「祈り心を」と答えたスタンレー・ジョーンズ博士の祈りを知る。この師によって私は献身の決断が与えられたのであった。私の心に残る祈りの人々はさらにつぎつぎと胸中に甦《よみがえ》る。

旧約、新約聖書に登場して来る数多くの人々の信仰と祈りは私に大きな感化を与えてきたし、教会史上に光を放つ信仰的人物の日々の生活に、祈りがいかに大きな比重《ひじゅう》を占めていたかを私は知る。

世に祈りに関する名著を求めるならば、それはカルヴァン著『キリスト教綱要』中の第三篇第二〇章、〝祈りについて〟と、フォーサイスの『祈りの精神』であると副田正義牧師は力説される。誠に然《しか》りというべきであろう。『祈りの精神』はキリスト教出版物の中で、時代を乗り超えて人間の心に感化を与え、人間的生の本質に開眼させる古典と呼ぶにふさわしい書物であり、実に味わい深い文章が脈々と続いているものである。翻訳しながら感銘を受け、しばしば立ち止まり、熟読吟味したことが多々あった。誠に祈りがこめられている文章である。

激動しながら進展してゆく歴史と世俗都市化現象の中にあって、私たち人間は今や多種多様の人間関係の中に生きるようになった。教会形成も多元化しつつある。そういう状況の中で、祈りという宗教的現象が本質的に問い直され、その存在の根拠と必然と意味と価値が根本的に明確にされねばならないであろう。そして真実の祈りを生活の中に実現するのがクリスチャンの使命であると私は思う。そういう意味で、フォーサイスの『祈りの精神』は現時点においても、祈りを真剣に自分の問題として考える人々にとって、なおも貴重な書物であり、祈りの本質と実相《じっそう》に肉迫する良書であるといえる。

フォーサイスについて深く知りたい人は、日本キリスト教団出版部の大宮溥《ひろし》著『フォーサイス』をお奨《すす》めしたい。また、新教出版社の新書判、フォーサイス『キリスト者の完全』の訳者あとがきに、石島三郎師がフォーサイスの略伝を明快にまとめておられるので参考にされたら良いと思う。

この『祈りの精神』(P.T. Forsyth, *The Soul of Prayer*)は第一次大戦直後の大正五年(一九一六年)に英国で発行され、昭和八年、一粒社から菟原《うばら》八郎氏によって訳され、出版されたが、戦時下の統制令により数版を重ねて絶版となってしまった。しかし、出版当時よりこの書の評価は高く、未だに訳書を求める声が絶えないと聞く。その声に応えてはからずも私が重責を負うことになったのであるが、フォーサイスの深遠難解な原文を訳すことは容易なことではなかった。しかし、できるだけ理解しやすい文章に訳出するように努力したが、浅学非才の私ゆえにいたらぬ訳も多いと思う。賢明なる諸師諸兄のご批判ご教示を仰ぐ次第である。

また、本書がなるべく多くの人々に親しまれるように、編集者と相談して、原書の章の配列を若干変えさせていただいた。ご了解いただければ幸いである。

この訳書を私の恩師であり、牧師である松村秀一先生とあき子夫人に捧げたいと思う。お二人の先生なくして信仰に生きる今の私がありえなかったからであり、先生方の熱いとりなしの祈りと愛によって、伝道者として走り抜いてくることができたからである。

なお、翻訳に際し、立教大学教授、小嶋潤先生から激励のことばをいただき、関西学院大学教授、松木治三郎先生からラテン語とフランス語のご指導をいただいた。衷心から感謝の意を表したいと思う。また、訳文に目を通し難解な文章に対して適切な指示を与えてくださった松村あき子夫人に対して、また、出版に際して数々の配慮をしてくださったヨルダン社のみなさまに心からのお礼を申し上げる次第である。

一九六九年四月

東京にて　斎藤　剛毅

改訂版あとがき

一九六九年の夏、ケンタッキー州ルイヴィル市のサザン・バプテスト神学大学院で学ぶことになった私は、宣教師館に居を得て、家族と共に群なす螢の美しさに夏の夜の暑さを忘れて、点滅する無数の光を心からめでながら、感無量のときを過ごしたことが記憶に懐しい。

明石バプテスト・キリスト教会における牧会の最後のしめくくりと、留学の準備をしながら『祈りの精神』の訳文を練り、上よりの知恵と力を祈りつつ、訳文を修正し、清書し続けた労苦からの解放感が、さわやかな風のように心に感じられていた。しかし、フォーサイス略伝を書く間もなく、あわただしくアメリカへ旅立ってしまったことが唯一の心残りであった。

新学期が始まり、日本語の文章が恋しく思われる秋のある日、『祈りの精神』の初版本が装丁新しくヨルダン社から海を渡って送り届けられた。ページをめくりながら喜びと感謝がこだまし合い、感動が胸の中にふくらみ、交錯する感情は私を祈りへと駆り立てていった。この訳書を神が祝して用いてくださるように、日本の多くのクリスチャンの霊性が高められ、祈りの重要性を認識すると共に、祈りの実践への意欲が強められ、又何よりも祈りにおいて主イエスを愛することの喜びが体験されるように、という祈りが捧げられていた。

その後、何度も読み返しているうちに、訳上の問題点もわかり、帰国後、数か所を改訂した。幸いなことに十四年の間に十三版の刷数を重ね、多くの愛読者を得て、更に若き世代の人々に読まれ続けてゆくことを思うとき、この際、改訂版を出し、全体にわたって文章を柔らかい現代調に変えて、より読み易いものとし、誤訳がないように再点検することの必要を感じ、その点においてヨルダン社出版部の諸兄姉と意見が一致した。一年の月日をかけて改訂し、又読者の原著者理解に役立つことを願って、フォーサイス略伝を付した。

ヨルダン社出版部の方々、特に改訂版の出版に際して、種々のご配慮をいただいた山本俊明氏に対して、また不適切な訳文を指適してくださり、より良い訳になるように助けてくださった中西ひとみ氏に対して心からの感謝を申し上げたいと思う。
版が改められて世に送り出されるこの書が、福音宣教の一端を担い、先立つ主のお導きの下に、豊かに用いられることを願いつつ。

一九八六年五月八日

福岡市長住にて
斎藤　剛毅

新版あとがき

P・T・フォーサイス著『祈りの精神』を訳して、初版がヨルダン社から一九六九年に発行されてから、五十年近い歳月が流れた。表紙の装幀を新しくして初版第十二刷が発行されたのが一九八二年である。訳文を一部改正し、装いを新たに改訂版が発行されたのが一九八六年であった。二〇〇四年に改訂版第九刷が発行された段階で、ヨルダン社が出版業界から後退せざるを得なくなり、藤野精三氏はしののめ出版を設立され、ヨルダン社出版物の在庫処理に当たってこられた。

原著の *Soul of Prayer* が二〇〇八年、フォーサイス研究家、大宮溥先生によって新しく訳され、一麦出版社から『祈りのこころ』と題して出版された段階で、私が訳した『祈りの精神』が再び世に出ることは無いと考えていた。しかし拙訳書の在庫が残り少なくなった段階で、活字をより大きくし、難しい漢字の横にルビ（かな文字）を付けて、高齢者や漢字が苦手な人にも読みやすい形にして増刷して欲しいという願いが寄せられ始めた。

この要望は二〇〇四年に改訂版第九刷が発行された時から既に聞かされていたが、増刷出版は神の御心《み》であるのか否か確信できないままでいたが、信仰の友である福岡新生教会の竹田浩牧師は、説教において何度も拙訳『祈りの精神』を教会員に紹介してくださり、また活字が大きい『祈りの精神』の増刷を強く望まれ、忍耐強く私に訴え続けられたのである。

キリスト教ラジオ放送のＦＥＢＣでも、私が訳した『祈りの精神』の読後感想が何度も寄せられていることを教えられ、また最近「斎藤先生が訳された『祈りの精神』のお蔭で今の私の信仰と祈りがあるのです。」という個人感想も聞かされ、次第に増刷を神ご自身が望んでおられるのではないかという気持ちへと導かれ始めた。

古典的名著であるパスカルの『パンセ』は複数の訳者によって出版されており、フォーサイスの『祈りの精神』も古典的名著という評価を得ており、複数の訳があっても良いのではという考えに傾いてきた時点で、増刷は神の御心か否かを求める本格的祈りが早朝の祈りにおいて始まった。

思えば一九六〇年代に私が明石市の開拓伝道時代に、原著の *Soul of Prayer*（ロンドンのIndependent Pressから一九一六年に出版された著作の第六刷版）の翻訳に打ち込み始めた時、著者である神学者、P・T・フォーサイス師が優れて祈りの人であったこと、また深い思索家であったと共に、祈りの実践の中で、心の深みから湧き出る文章を書き続けられた方と感じた。深い祈りの中から生まれた文章であるから、訳を志す者も祈りの深みにまで沈潜して訳さねばならない責任を痛感し、祈りに祈って神から知恵と表現力をいただき、翻訳し終えたのであった。一九八六年に改訂版を出版した際に、訳文全体をより柔らかい現代調に変えて、読みやすいものとし、誤訳が少ないように検討した。それから三十五年が経過したのである。

二〇一六年八月に私は八十歳の誕生日を迎え、神の国に迎えられる前に、やるべき仕事は何かを祈り求めていた時、二〇一七年五月に藤野氏と話し合う機会が与えられ、同氏は在庫が僅少なので、この際、活字が大きい『祈りの精神』の新版の出版の必要性を強く語られたのである。ピリピ人への手紙二章十三節の言葉、「あなたがたのうちに働きかけて、その願いを起こさせ、かつ実現に至らせるのは神であって、それは神のよしとされるところだからである。」（口語訳）が再び心に浮上し、神からの働きかけを受けたという思いが私の中に強められ、そのような出版をすることが神の御心ならば、必ず実現に向けて進行してゆくと考えた。

藤野氏から意見を拝聴して二か月後、長岡昭夫氏が拙訳『祈りの精神』の新版全文を組み終えたとの連絡を受け、Ａ４判七十一枚の校正刷りを受け取った。以前より活字が大きくなって、明らかに読みやすくなっており、訳文の更なる改訂が可能となったことを知った。思いがけない助け人の登場に、神が人知を超えて働かれる不思議さを思い、その労苦を捧げられた長岡昭夫氏に対して心からの感謝を覚えつつ、私は本格的作業に取り掛かることにした。

今回の新版の発行に際しては、今までの訳文を全面的に見直し、初版から五十年近く年月が経過したので、時代的に古く感じられる文章を現代的にし、原著を慎重に再読しながら、見落としていた箇所も追加し、常用漢字を活用しながら難しい漢字にルビを付ける作業を行なった。幸いなことに、日本語教育に携わる昔からの友人から漢字の振り仮名について貴重な数々の意見と助言をいただいた。その友情に対する感謝は尽きることがない。

また、藤野氏がキリスト新聞社の金子和人前社長を紹介してくださり、同社の松谷信司社長も心よく販売を引き受けてくださったお蔭で、出版が可能となった。多くの方々のご協力なしには『祈りの精神』が再び陽の目を見ることは無かったことを思い、心からの御礼を申し上げたい。

なお、『祈りの精神』の中で用いられている聖書の引用聖句や人名および地名の表記は日本聖書協会の口語訳聖書からなされていることを心に留めていただきたい。また（　）内の聖句の箇所は原著本文にあるもので、〔　〕内の聖句や補足の言葉は訳者が読者の便宜を図って挿入した。

新版『祈りの精神』を通読することによって日本のクリスチャンが祈りの精神を強化し、霊性の向上を志《こころざ》し、何よりも主イエス・キリストとの祈りにおける交わりの深化へと進むならば、訳者にとってこれ以上の喜びはない。

私が天に召される前に地上でなすべき仕事の一つが実現し、それを可能としてくださった主なる神に心からの感謝の思いを抱きながら「あとがき」を締めくくりたいと思う。

主なる神に感謝！

二〇一七年十一月一日

西川口キリスト教会の牧師館にて　　斎藤　剛毅

斎藤剛毅（さいとう・ごうき）

1936 年　東京に生まれる。
1960 年　国際基督教大学（ICU）卒業。
1963 年　西南学院大学神学専攻科卒業後，明石市で開拓伝道に従事。
1969－74 年　米国サザン・バプテスト神学大学院に留学。
　　博士課程を修了、Ph.D. 取得。
1974－87 年　福岡長住バプテスト教会牧師，西南学院大学神学部講師。
1987－90 年　米国ジョージタウン大学客員教授。
1990－2016 年　福岡女学院大学人文学部教授。女学院長も務める。
現　在　福岡女学院大学名誉教授。西川口キリスト教会員。

著　書　『バプテスト教会の起源と問題』『神の国をめざす旅人』
　　『神と人とに誠と愛を～ E.B. ドージャー先生の生涯とその業績』
訳　書　フォーサイス『祈りの精神』、『十字架の決定性』（共訳）
　　『資料：バプテストの信仰告白』（編集・共訳）
　　フォスディック『祈りの意義』（いずれもヨルダン社より出版）
　　フォスディック『祈りの意味』（改訂版、新教出版社より出版）
　　その他

新版　祈りの精神

1969 年 9 月 8 日　初版第 1 刷
1983 年 11 月 10 日　初版第 13 刷
1986 年 8 月 25 日　改訂版第 1 刷
2004 年 6 月 15 日　改訂版第 9 刷
2017 年 12 月 20 日　新版第 1 刷

訳　者　斎　藤　剛　毅
発行者　しののめ出版
発売元　キリスト新聞社
〒 162－0814　東京都新宿区新小川町 9－1
電話 03－5579－2432　　fax 03－5579－2433
印刷所　モリモト印刷

ISBN978-4-87395-736-4　C0016（日キ販）